读史衡世·名将篇

# 扫群雄 平四夷 李靖

李晨 ◎ 著

华中科技大学出版社
http://press.hust.edu.cn
中国·武汉

## 图书在版编目（CIP）数据

扫群雄平四夷：李靖 / 李晨著. —— 武汉：华中科技大学出版社，2024.4
ISBN 978-7-5772-0351-5

Ⅰ.①扫… Ⅱ.①李… Ⅲ.①李靖（571—649）—传记 Ⅳ.①K825.2

中国国家版本馆CIP数据核字（2024）第033795号

### 扫群雄平四夷：李靖
Sao Qunxiong Ping Siyi: Li Jing

李晨 著

| | |
|---|---|
| 策划编辑： | 亢博剑 |
| 责任编辑： | 程　琼 |
| 责任校对： | 谢　源 |
| 装帧设计： | VIOLET |
| 版式设计： | 王江风 |

出版发行：华中科技大学出版社（中国·武汉）　　电话：（027）81321913
　　　　　武汉市东湖新技术开发区华工科技园　　邮编：430223

印　　刷：天津中印联印务有限公司
开　　本：880mm×1230mm　1/32
印　　张：8.5
字　　数：190千字
版　　次：2024年4月第1版第1次印刷
定　　价：49.80元

本书若有印装质量问题，请向出版社营销中心调换
全国免费服务热线：400-6679-118　竭诚为您服务
版权所有　侵权必究

# 前言

大唐是不少国人梦想的朝代,其文治武功都取得了伟大成就。说起初唐的名将,不少人受到小说、影视的影响,都会脱口说出秦叔宝、程咬金、尉迟恭等人物。但在真实历史上,初唐最强的名将,当属"才兼文武,出将入相"的卫国公李靖。他打下了大唐半壁江山,征服了威胁唐朝的东突厥、吐谷浑,为大唐盛世的建立打下了坚实基础。

唐朝的笔记小说《隋唐嘉话》中记载过这样一个和李靖有关的故事:卫公始困于贫贱,因过华山庙,诉于神,且请告以位宦所至,辞色抗厉,观者异之。伫立良久乃去,出庙门百许步,闻后有大声曰:"李仆射好去。"顾不见人。后竟至端揆。

不过现实当中的李靖可没有这么早就意识到自己未来可以官至宰辅。

李靖,生于公元571年,字药师,雍州三原(今陕西三原县)人,隋末至初唐时期杰出的军事家。李靖出身官宦之家,家境优渥,所以自幼就受到了良好的教育。其时正值南北朝乱世,天下群雄并起,四处鼓角争鸣,李靖本可以大有一番作为。但是589年正月，隋军攻破南陈首都建康，南陈政权灭亡，华夏大地在经过三百年战乱后重归一统。战争结束了，李靖没有什么机会在战场上一展身手了，于是刚刚成年的他只能投身宦海。

  李靖从地方小官做起，按部就班地升迁，这样的生活一直持续了将近三十年。如果隋朝是一个"长寿"的王朝，那么李靖很可能会在这样的生活中了却此生，但是上天不愿意让李靖继续平庸。隋炀帝末年，天下再次大乱，中原大地再度战火纷飞。618年，在长安的刑场上，李世民救下了已经被判处死刑的李靖，死里逃生的李靖投身李世民麾下，已经年近五十岁的他终于有机会充分施展自己的才华。

  621年九月，李靖辅佐李孝恭进攻占据荆州的萧铣政权，仅仅一个多月的时间，萧铣四十万大军灰飞烟灭。

  621年十一月，李靖受命招抚岭南，他恩威并施，连下九十六州，得民户六十余万，岭南悉平。李靖在岭南广施仁政，存抚耆老，问其疾苦，远近悦服，社稷安定。

624年三月，李靖再次辅佐李孝恭进攻占据江南的辅公祏政权。李靖亲自率军血战当涂，而后率军直下金陵，至此唐朝收获了统一天下的最后一块拼图。

625年八月，东突厥颉利可汗率十余万大军进攻太原，突厥骑兵来势凶猛，唐军屡战屡败，唯独李靖一军独全，成为北境国防的中流砥柱。

630年正月，李靖率领三千精锐骑兵，冒着严寒，奇袭东突厥颉利可汗定襄大营，斩获无数，突厥人一溃千里。二月，李靖再次率领一万精锐骑兵突袭逃到铁山的颉利可汗，斩首万余，俘虏十余万，颉利可汗逃跑后被擒获，东突厥灭亡。

635年四月，李靖率军踏上雪域高原，远征吐谷浑。此后几个月里，李靖率军爬冰卧雪，风餐露宿，备尝艰辛，最终彻底击败吐谷浑，吐谷浑可汗慕容伏允兵败自杀。

李靖一生，大小数十战，平灭四国，未尝一败，震古烁今。

李靖一生，充分诠释了什么叫作"大器晚成"，什么叫作"不鸣则已，一鸣惊人"，什么叫作"老骥伏枥，志在千里，烈士暮年,壮心不已"。

李世民为表彰李靖功绩,封他为代国公,任命他为尚书右仆射(职位相当于宰相)。李靖虽身居高位却从不居功自傲,与朝臣和睦相处,多次受到唐太宗赞扬。名相王珪称他为"才兼文武,出将入相",这是对李靖最恰如其分的评价。在凌烟阁的唐朝开国二十四功臣画像中,李靖也位列其中。

649年,李靖病逝,终年79岁。李世民赐其陪葬昭陵,并将坟墓修筑成铁山、积石山的形状,以纪念他平定突厥、吐谷浑的丰功伟绩。李靖死后,配享太庙,位列武庙十哲之一,万古流芳。

这就是李靖的一生。

李靖才兼文武,出将入相,为唐朝的统一与巩固立下了赫赫战功。同时,他治军、作战又积累了一套成功的经验,进一步丰富和发展了中国的军事思想和理论。他给后世留下了非常珍贵的遗产,其中最著名的就是兵书《李卫公问对》,内容为记录唐太宗李世民和李靖关于军事、政治等问题的问答,其中很多内容现在读来依旧振聋发聩。

（一）关于奇正相变之术

"奇"与"正"是中国古代军事思想的一对重要概念。《老子》最先提出"以正治国，以奇用兵"，也就是说，治理国家要用正道，克敌制胜要用诡道。《孙子兵法》提出了"凡战者，以正合，以奇胜""战势不过奇正，奇正之变，不可胜穷"的观点，其他各兵家都对奇、正问题提出了不同的看法和解释。

在《李卫公问对》中，关于奇正问题的讨论，关于如何灵活使用兵力的问题占有很重要的分量。李靖认为，"奇正"在实战中最重要的应用还是作战指挥方面，在战场上，哪支部队是"正兵"，哪支部队是"奇兵"，"正兵"与"奇兵"如何使用，是考验将领指挥能力的重要标准。

在战场上正确运用奇正的变化，最重要的就是把奇正的变化同虚实的变化结合起来。也就是说战争的成功在很大程度上依赖有效的伪装和欺骗，要达成进攻的突然性，如果没有欺骗和出奇制胜，那么战争是很难成功的。所以李靖提出了一个鲜明的观点：善用兵者，无不正，无不奇，使敌莫测，故正亦胜，奇亦胜。

(二)关于攻防原则的论述

攻防原则是作战指挥中一项非常重要的原则,也是《李卫公问对》中李靖重点论述的内容之一。在书中李靖有一个著名的论断:"攻是守之机,守是攻之策,同归乎胜而已。"也就是说,进攻是防御的转机,防御是进攻的手段,两者的目的都是为了争取胜利,不可分割。这就阐明了攻防之间相互依存的辩证关系。此外,书中还进一步阐明了敌我双方之间攻守得失的关系,进攻和防御是一种对立统一的关系。能否正确运用好攻防原则,把握好两者之间的辩证关系,决定了战争的最终结局。

(三)攻心为上

李靖指出,在攻防作战中,最重要的手段之一就是打破敌人的企图,瓦解敌人的抵抗之心,正如《孙子兵法》所说的:"用兵之道,攻心为上,攻城为下;心战为上,兵战为下。"不能单纯地把进攻看作是攻城略地,而应当着重打破敌人防御的决心;不能把防御单纯地看作是坚守城池,而应当首先保持己方旺盛的士气。

在《李卫公问对》中，李靖回答："有国有家者，曷尝不讲乎攻守也。夫攻者，不只攻其城击其阵而已，必有攻其心之术焉。守者，不止完其壁坚其阵而已，必也守吾气以有待焉。"意思就是说，想要稳定江山社稷，就要明白攻守之道。进攻，不只是攻击敌人的城池和军阵，更要瓦解敌人的战斗意志；防守，不只是防守军阵，还要守好己方的士气以待时机。

由此可以看出，李靖绝不仅仅是一名将领，他还是一位军事理论家，他把自己多年的军事经验升华为军事理论，给后世以裨益。在北宋神宗元丰年间，《李卫公问对》与《孙子兵法》《吴子兵法》《六韬》《司马法》《三略》《尉缭子》六部兵书一起，被合称为《武经七书》，成为官方的军事教科书。

汉唐盛世，是中国人无数自豪的来源，所以"汉"成了一个民族永远的名字，"唐"则成为世界对中国的永恒记忆。

唐朝时，中国国威远布四海，万国来朝，周边国家对于大唐文化特别尊崇，唐军的金戈铁马让四方胆寒。是谁开创了这番伟业呢？这涉及很多人，有李世民、李治、李隆基等几代帝王的努力，有李靖、李勣、苏定方、高仙芝等无数将领的战场拼杀。这其中，李靖是不得不提的一个名字，因为他可以说是这份伟业最早的奠基之人。

李靖招抚岭南，平定江南，保证了东南沿海的和平稳定，为中国海上丝绸之路的光盛起航奠定了基础。

李靖北征河套，将不可一世的东突厥彻底埋葬，令四方慑服，战无不胜的大唐军队成为最坚固的万里长城。

李靖远征青海，彻底控制祁连山区，保证了河西走廊的安宁，为陆上丝绸之路的复兴创造了重要条件，从此大唐开始与世界紧密相连。

大唐的盛世基业，离不开李靖的开创之功，这值得每一个中国人铭记。

我们写作此书，就是为了让读者了解李靖——一位不可忘却的伟大英雄，希望在这个时代，当国家有需要的时候，有新的李靖涌现，以证明我们无愧于先祖。

# 目录

## 第一章 李靖家世

第一节 家世渊源 ... 001

第二节 英雄少年 ... 007

第三节 初入官场 ... 012

第四节 刀下留人 ... 016

## 第二章 牛刀小试

第一节 从征中原 ... 026

第二节 南下荆州 ... 033

第三节 智破萧铣 ... 041

第四节 安抚岭南 ... 050

第四节 一雪前耻

第三节 奇袭定襄

第二节 战争决策

第一节 突厥内乱

## 第四章 定襄攻略

第六节 入主兵部 … 098
第五节 渭水之耻 … 091
第四节 玄武门之变 … 083
第三节 北境柱石 … 074
第二节 决战当涂 … 063
第一节 江南烽烟 … 058

## 第三章 南征北战

104　108　117　126

## 第五章 铁山决战

第一节 颉利求和 … 132

第二节 和谈？进军？ … 138

第三节 决战铁山 … 144

第四节 生擒颉利 … 151

## 第六章 出将入相

第一节 小人构陷 … 161

第二节 尚书右仆射 … 170

第三节 巡查关内 … 178

第五节 万古流芳

第四节 战神归天

第三节 高句丽遗恨

第二节 绘像凌烟阁

第一节 阖门自守

## 第八章 生荣死哀

第四节 西境遗事

第三节 深入不毛

第二节 再披戎装

第一节 吐谷浑民族

## 第七章 远征西海

185 190 199 211

218 226 237 244 254

# 第一章 李靖家世

## 第一节 家世渊源

公元571年,在南北朝的历史上,并不是一个很特殊的年份。这一年,中华大地上三足鼎立,三个政权分别是北齐、北周和南陈。

当时北齐的皇帝是齐后主高纬。他在位期间,荒淫无道,任用奸佞,残害忠良,是一个十足的昏君,这期间北齐政治腐败,军力衰落,国势摇摇欲坠。571年,高纬已经继位十年,权力稳固,越发骄奢淫逸,这一年的北齐还是一如既往的混乱。

南陈的皇帝是陈宣帝陈顼。陈顼(568—582年在位)是南陈在位时间最长的皇帝。陈顼在位期间,国家比较安定,政治也较为清明。他兴修水利,开垦荒地,鼓励农民生产,社会经济得到了一定的恢复与发展。571年,陈顼权力已经稳固,南陈太平无事。

当时北周的皇帝是周武帝宇文邕。宇文邕于560年继位，到此时已经11年了，但是在这11年里，宇文邕却根本享受不到作为皇帝应有的权力和尊严，因为长期以来大权都掌握在权臣宇文护的手里。关于宇文护，最著名的事情是连杀三帝。公元557年，宇文护逼迫西魏恭帝拓跋廓将皇位禅让给北周孝闵帝宇文觉，随后就将拓跋廓杀死。但是获得皇位的宇文觉也没有高兴太久，皇帝只做了几个月，就因为与宇文护发生权力之争，在宇文护的逼迫下退位，宇文护立宇文毓为帝，是为北周明帝，随后宇文觉被宇文护杀死。继位的宇文毓做了不到三年皇帝，又是因为权力之争，于560年被宇文护所杀，宇文护立宇文邕为帝。

我们的传主——李靖，就出生在这个动荡的年代。

李靖（571—649年），字药师，雍州三原（今陕西三原县东北）人，隋末唐初文武兼备的著名军事家，后封卫国公，世称李卫公。李靖一生以善用兵、长于谋略著称，他原为隋将，后效力于李唐王朝，立下赫赫战功，为凌烟阁二十四功臣之一，死后谥"景武"，陪葬昭陵。《旧唐书》与《新唐书》中皆有传。刘昫在《旧唐书·李靖列传》中评价他——"少有文武材略，每谓所亲曰：'大丈夫若遇主逢时，必当立功立事，以取富贵。'其舅韩擒虎，号为名将，每与论兵，未尝不称善，抚之曰：'可与论孙、吴之术者，惟斯人矣。'"[1]可见其少时既有雄才大志，又表现出了惊人的战略眼光，是一块为将的好料子。唐初名相

---

[1] ［后晋］刘昫：《旧唐书》卷六七《李靖列传》，中华书局1975年版。

王珪曾评价李靖"才兼文武,出将入相,臣不如李靖"[1],意思是说李靖文才武略无一不精,文可相,武可将,对他的评价极高。

李靖出身关陇集团。所谓关陇集团,是南北朝时期在关中地区形成的一个强大的武人集团。北魏道武帝拓跋珪为了保卫首都平城(今山西大同)不受柔然的侵袭,便在平城以北设立了六个军镇。起初,这些军镇的将士大部分是鲜卑贵族和汉人豪强,社会地位很高。但是,后来由于北魏孝文帝推行汉化改革,再加上迁都洛阳,北魏的政治中心南移到了洛阳,北部六镇的战略意义不再如当初一样突出,因而军镇将士的社会地位也随之一落千丈。

公元524年,北方六镇之一的沃野镇率先爆发兵变,此后兵变的规模越来越大,六镇军士几乎全部参与造反,史称"六镇起义"。六镇起义虽然最终被镇压,但地方实权派也趁势坐大,不再受朝廷的节制,其中就包括盘踞关中地区的贺拔岳。贺拔岳为了巩固自己的权力,拉拢关陇之地的豪强,整合关陇地区的军事力量,逐渐形成了最初的关陇集团。贺拔岳死后,宇文泰被推举为首领,他进一步拉拢关中豪强势力,并最终建立了成形的关陇集团体系。

当时整个关陇集团,可以说是人才辈出。在宇文泰的领导之下,其内部胡汉文化不断碰撞融合,横跨西魏、北周、隋、唐,

---

[1] [后晋]刘昫:《旧唐书》卷七十《王珪列传》,中华书局1975年版。

掌控时局三百多年，其间人才辈出，史评"融冶胡汉民族之有武力才智者"，其中文者为相，武者为将，一度将这个贵族集团推向辉煌。

李靖的家族中有史可查的祖先是李文度。李文度曾经在十六国时期担任西凉郡守。西凉政权由李暠在公元400年建立，先后定都敦煌和酒泉，统治范围主要是今甘肃西部地区。西凉国小民寡，仅存在了二十余年就灭亡了。据记载，李暠是大唐建立者李渊的祖先，李渊是李暠的七代孙。李文度和李暠是同宗，所以才得以在西凉任职。西凉灭亡后，包括李文度在内的西凉李氏家族的成员辗转来到长安，得到了北魏朝廷的重用。李文度的儿子李欢曾经担任河州（今甘肃临夏）和秦州（今甘肃天水）刺史。

不过这份记载可能并不完全可靠，因为在那个年代，为了抬高自己身份，冒认祖宗的事情数不胜数。在魏晋南北朝时期，门阀士族掌控着国家，一个人的出身对于个人的发展至关重要，所以很多人选择在家族出身上造假。以李暠为代表的陇西李氏在西部地区繁衍日久，并且几经辗转流离，支脉众多，因此当时就有很多人选择攀附陇西李氏。别说李靖家族，就算是李渊的家族，也难以证实他们确实是李暠的后裔。

这种说法放在这里仅供参考，现有史料确实无法对这种说法给出定论。如果李靖的祖先真的是李文度，而李渊的祖先也真的是李暠，那么李靖和李渊就算是出自同一家族，在唐朝，李靖也算是皇族远支了。

李欢的孙子，也就是李靖的祖父，名叫李崇义。根据《旧唐书·李靖列传》和《新唐书·宰相世系表》的记载，李崇义曾经在北魏时期担任殷州刺史，北周时期担任雍州大中正，先后担任广、和、复、硖、殷州五州刺史，永康县公。

"雍州大中正"这一职务就更加重要了。从魏晋南北朝时期开始，选拔人才的方式主要是九品中正制。所谓九品中正制，简单来说，就是根据门第和才能，将人才划分为九个品级，然后按照等级高低授予不同的官职。各郡负责评定人才的官员被称为中正，各州负责评定人才的官员被称为大中正，各州大中正将本州人才信息汇总后上呈中央。由此可见，大中正掌管一个州的人才选拔，是很重要的职务。

雍州管辖的长安是当时北周的首都，大批王公贵族子弟的入仕升迁都需要仰赖于雍州大中正的提携，所以雍州大中正就有着更高的地位和更大的权力。不过正因为雍州王公贵族众多，所以在人才评定过程中如何协调好各方面的关系，也是一个很让人头疼的问题。因此，雍州大中正既有很大的权力，同时又需要很强的能力，绝非常人所能担任。而李崇义能担任此职，表明李崇义的能力以及皇帝对他的信任。

那永康县公指的是什么呢？这指的是李崇义所享有的爵位。永康是受封地的地名。中国自汉代开始，爵位分为王、公、侯、伯、子、男六个级别，并且爵位是可以世袭的。在南北朝时期，公爵又可以细分为国公、郡公和县公。县公虽居于王、国公、郡公之下，却也是非常高的爵位。

在重要的州任刺史，担任过雍州大中正如此重要的职务，还受封县公这样高的爵位，足见李崇义在北周有着很高的社会地位。

李靖的父亲李诠，曾在隋朝担任赵郡郡守，爵位为临汾襄公。赵郡所管辖的地区，和李诠父亲李崇义曾经担任刺史的殷州大体相当。

临汾襄公，这里的临汾依然是指受封地的地名，"襄"是谥号。谥号是官员死后，朝廷给他的最终评价。根据谥法，"辟地有德曰襄，甲胄有劳曰襄"，这是一个美谥，表明朝廷对李诠的评价是正面的。这说明在李诠这一代，李家依然有着很显赫的社会地位。

李靖的母亲出身就更好了。李靖的外祖父是北周名将韩雄，曾经官拜骠骑大将军，进封新义郡公，是绝对的朝廷栋梁，不管是爵位还是官职，都要高于李靖的祖父李崇义。

由此可见，李靖的出身是非常好的。李诠共育六子，李靖是李诠的第三个儿子。李靖，字药师，之所以会给他起这么奇怪的名字，合理的解释就是当时社会受佛教的影响颇深。药师佛，又称为药师如来，掌管治病、延命、消灾之法。在当时的社会环境下，为了寄托希望孩子能够健康成长的期许，给孩子取字药师，并不奇怪。

李靖出生的这一年只是一个平常的年份。但是很快，华夏大地就将会掀起惊涛骇浪，无数波澜壮阔的历史事件也将轮番上演，已经分裂两百多年的中华大地将会重新回归统一，李靖即将在这动荡的乱世中不断成长。

## 第二节 英雄少年

公元572年，也就是李靖出生的第二年，北周朝廷发生了巨变。已经隐忍了12年的北周武帝宇文邕决定不再隐忍！他发动了政变，杀死宇文护，并将宇文护的儿子、兄弟及亲信全部斩杀，由此才真正拥有了皇帝的权力。随后，宇文邕开始大刀阔斧地进行改革，在很短的时间内，就使得北周的国力蒸蒸日上。在大权独揽、稳定内政之后，宇文邕开始了中国历史上每一位乱世帝王都梦想完成的事业——统一大业！

公元576年十月，北周武帝宇文邕统率大军进攻北齐平阳（今山西临汾），北齐守军连番告急。此时北齐皇帝高纬正在和宠妃冯小怜一起打猎，高纬准备前往援救，可是冯小怜还没尽兴，要求高纬再围猎一次，高纬也没多想就同意了。结果平阳北齐守军孤立无援，北周军队很快就攻占了平阳。

等到冯小怜尽兴之后，高纬才率军向平阳进发，两军在平阳城下展开大战。北齐士兵挖地道向城里攻击，平阳部分城墙垮塌，北齐士兵正准备趁势攻入城内，但是此时高纬却传令暂停攻势，原来他想让人叫冯小怜来一起观看城破的场景。可是，当时冯小怜正在梳妆打扮，不能马上赶来。当冯小怜姗姗来迟，北齐士兵准备重新进攻时，却发现守城的北周士兵已经用木头把缺口堵死，北齐功亏一篑。后宇文邕亲率大军救援平阳，北齐军队一败涂地。高纬逃到了晋阳（今山西太原），后又逃往首都邺城。

身在邺城的高纬依然觉得不安全，于是把皇位让给了8岁的儿子高恒，自称太上皇，逃离邺城，准备投奔南陈政权。577年一月，北周军队抵达邺城，北齐守军投降。不久，逃到青州的高纬被北周军队擒获，北齐政权灭亡，北周统一了北方。

北齐灭亡的过程中的一桩桩、一件件，都值得后人细细品味，也成为当时有口皆传的事情。这一年李靖七岁，从大人的讲述中听到的这些故事成为李靖最早的军事"教科书"，也是他对于军事的开蒙。

北齐的灭亡，至少教会了幼年的李靖一件事情：兵家之事，重在人和。战前，经过宇文邕的改革和整顿，北周国力不断上升，但是此时北齐与北周仍然处在同一水平线上，双方都没有形成压倒对方的绝对优势，此前双方的交战也是互有胜负。但就是在这样的条件下，短短两个月的时间，北齐却土崩瓦解，原因很简单：北齐昏君佞臣，上下离心，战争毫无方略；北周雄主在上，上下同心，战争谋划得当。两相对比，出现如此结局就毫不奇怪了。

生于官宦之家，李靖从小就受到了良好的抚养和教育，因此他有条件习文练武。练武是家庭与社会风气所致，自不待言；即便是学文，李靖也不是单纯的诵读经史，他更偏重学习兵法，从战争中获取知识。他对于历代兵家的理论和实践都仔细地反复揣摩，将这些东西入脑入心。《李卫公问对》中，他能够自如地应答李世民提出的各种问题，让李世民连连赞叹，在很大程度上归功于他年幼时对兵书的刻苦攻读、精心钻研。

在良好的学习修养之下，李靖自小就有着一股勇武之气。

小小年纪，李靖就说："大丈夫如果遇到圣明的君主、合适的机遇，就应该建立功业，求取富贵！"李靖是这样说的，也是这样做的。李靖自幼即熟读兵法，再加上当时战乱不断，书上的理论和真实的战争案例，使得李靖自小就颇有军事才能。

对于李靖的才能，他的舅舅韩擒虎深有感触。韩擒虎曾经多次和北齐、南陈作战，战功赫赫，在隋灭陈之战中，韩擒虎更是先锋将军，立下大功，是一代名将。韩擒虎知道年纪轻轻的李靖在研究兵法，便常常和李靖一起讨论，结果韩擒虎不仅难不倒李靖，还常常为李靖的独到观点感到惊叹，因为李靖能说出一些他都想不到的韬略。

有一次两人聊起淝水之战，韩擒虎对于东晋将领谢石、谢玄的表现深感赞叹，此时小小年纪的李靖却说道："我以为，此战胜利，谢石、谢玄并非首功，最重要的功臣应该是守卫荆州的桓冲。"

韩擒虎惊讶地问："何出此言？"

李靖说道："淝水之战前一年，桓冲率领十万大军北伐，给前秦占据的襄阳造成了巨大威胁。所以次年苻坚南下，就不敢再进攻荆州了。试想如果没有桓冲的有力防守，前秦先占领荆州，则东晋长江天险尽失，前秦大军顺江而下，谁能阻挡？"

韩擒虎感慨地说："当今世上，可以和我一起探讨孙武、吴起兵法的，也就只有你了！"能够得到韩擒虎的认可，这对于李靖是一个巨大的肯定。

然而韩擒虎没有想到，李靖日后会青出于蓝而胜于蓝，远远超过自己。李靖晚年有一次和李世民讨论兵法，李世民问："听说你舅舅韩擒虎说过，可以和你一起探讨孙武、吴起兵法，你们讨论过奇正之术吗？"李靖回答："韩擒虎哪知道什么奇正之术，他只知道把正兵当正兵，把奇兵当奇兵罢了，他是不懂奇正循环变化的道理的。"如果韩擒虎泉下有知，知道自己的外甥这么调侃自己，恐怕也只能无奈地笑一笑了。

李靖的父亲李诠对自己的儿子也是非常满意的。正逢乱世，他相信自己的儿子一定可以成为一代名将，建功立业！

不过李诠的希望很快就落空了，因为此后几年中华大地风起云涌，局势很快就变了！

灭亡北齐之后仅仅一年，公元578年，北周武帝宇文邕在北征突厥的路上突然病逝，时年仅仅36岁。

宇文邕去世后，他20岁的儿子宇文赟继位，是为周宣帝。

宇文邕雄才大略，励精图治，绝对称得上一代雄主，但是他的儿子宇文赟却是一个不折不扣的昏君。宇文赟即位后沉湎酒色，暴虐荒淫，大兴土木，耗费无度，而且滥施刑罚，屠戮忠良，给北周带来了深深的灾难。不过两年之后，宇文赟就突然病逝，仅仅八岁的北周静帝宇文阐继位，由于皇帝年幼，便由太后杨丽华之父杨坚担任辅政大臣。

杨坚担任辅政大臣后，立刻加封自己为左大丞相，总管一切朝政。此时，任谁都能看得出来杨坚接下来会干什么——篡位自立！果不其然，581年二月，在杨坚的一手谋划下，北周静帝宇文阐宣布禅位给杨坚，杨坚继位后定国号为"隋"，改元开皇，一个新的朝代——隋朝诞生了！

杨坚继位后，开始完成宇文邕未竟的统一大业。588年十二月，杨坚下令以晋王杨广为主帅，兵分三路，讨伐南陈。

此时的南陈皇帝已经不是陈宣帝陈顼，而是陈顼的儿子陈后主陈叔宝。陈叔宝是中国历史上可以与南唐后主李煜和宋徽宗赵佶相提并论的"艺术家皇帝"，写诗、作曲样样精通，但就是不会治国理政。他在位期间，荒废朝政，耽于酒色，以致小人当道，南陈国力大不如前。面对隋军的大规模进攻，陈军毫无抵抗之力，长江防线瞬间土崩瓦解。589年正月，李靖的舅舅、隋军先锋将军韩擒虎率军攻入建康，陈叔宝被俘，南陈政权灭亡。自西晋末年八王之乱开始，经过近三百年的乱世，天下自此重归一统！

天下重归一统，并没有给李靖的父亲李诠的生活带来什么变化。李家虽然世代为官，也算是官宦之家，李诠任赵郡太守，在当时只能算是中等官员，因为李家近三代人都只做到了刺史、太守，李诠已经没有了上升的动力，他只想安稳度日。但是天下的统一对李靖的影响可就大了。这一年，李靖十九岁，刚好到了可以冲锋陷阵、战场杀敌的年纪，但是他却尴尬地发现了一个事实——天下已经统一，如果这个时候从军，难以立下像舅舅一样的旷世之功，难以出人头地，这又有什么意义呢？

这时父亲李诠看到李靖整日闷闷不乐，便对他说："我儿不必气馁，天下太平本是好事，既然为将立功无望，还可为官治理一方，亦能出人头地。咱们家世代为官，凭借着积累的名望和人脉，再加上你的能力，前途也不会差的。"

李靖心想：现在从军确实没什么太好的机会立战功了，不如听从父亲所言，入仕为官。即使是当了文官，依然可以效力国家，而自己文才武略，终究不会被埋没。文官还是武将，又有什么关系呢？

于是，年轻的李靖开始踏入官场。

## 第三节 初入官场

李靖所担任的第一个官职是长安县功曹。

开皇二年（582年），隋文帝杨坚在汉长安城东南十三里处营建新的都城，称为大兴城。第二年，杨坚就从长安城迁都于此，大兴城也是唐代的长安城。大兴城当时分属长安县和大兴县两个县管辖。因此长安县虽然只是一个县，但是在天子脚下管理皇城，其被称为"天下第一县"丝毫不为过。

功曹是当时县里面的官员之一。按照《隋书·百官志》的记载，在隋代每个县的官员配备包括：县令、县丞、中正、光迎功曹、光迎主簿、功曹、主簿、西曹、户曹、金曹、兵曹等。

在这官员中，县令、县丞、中正是中央正式任命的、有品级的官员，其他都属于无品级的办事人员。这其中，光迎功曹和光迎主簿专掌迎接新任长官等事务，在这些办事人员当中地位最高；功曹掌管一个县的人事工作，主簿主要管理文书档案，这两个人地位也相对较高。其他人员都是专职人员，比如西曹负责人员任用，户曹负责户籍管理，金曹负责货币盐铁，兵曹负责军事工作，等等。这次的任职，对于李靖未来的发展具有十分重要的意义。

李靖的这个职务其实和他的祖父李崇义的职务很像。李崇义担任雍州大中正，主管首都所在地雍州的人才选拔工作，而李靖所任的功曹一职，负责的是首都所辖县的人事工作，工作性质类似，只是李靖的管辖范围小一些。首都所在地区权贵众多、派系林立，人事关系非常复杂，要做好这项工作，以下几点素质非常重要：

首先，一定要深谙为人处世之道。做首都地区的人事工作，与其说是考验工作的能力，倒不如说是处理人情的能力。例如，当出现一个肥缺、要差，必会有多方的势力进行争抢，怎样才能做到既提拔合适的人，又不得罪其他候选人呢？这既考验选拔者的识别能力，更考验他们对人情世故的周旋能力。另外，在众多的达官显贵之间，要时刻保持低调，以免惹祸。

其次，自身必须保持清廉。自古及今，人事工作历来是行贿受贿的重灾区。承担这份职务，受到的物质诱惑是非常多的。如果抵挡不住诱惑，那就会给自己留下污点，这等于授人以柄。而人事工作牵扯到的关系复杂，也很容易得罪人，所以一旦被人抓住把柄，那么丢官罢职，甚至丢掉性命，是毫不稀奇的事情。

李靖的个人作风经常为后人称道，他谦虚谨慎，公正廉洁，也不结党营私，是那个时代文臣武将的道德楷模。李靖之所以有这么良好的个人作风，除了家教和秉性，与担任长安县功曹时期的历练也是分不开的。

李靖在功曹的职务上并未停留过久，便升任殿内直长。殿内直长属于殿内局。殿内局主要负责皇宫的维护，例如典礼仪式的布景、宫廷卫生、周边环境整治等等。殿内局并不算是权力部门，只是皇帝的服务机构。

虽然殿内局权力不大，但是相比长安县功曹，这份职务有三个优势：

第一，李靖成为正式官员。原先担任的长安县功曹虽然看起来有权力，但是终究是没有品级的，殿内直长虽然只是正七品，但毕竟是朝廷正式官员，这是一个质的提升。

第二，李靖终于进入了中央机关。担任殿内直长则标志着李靖成为正式的中央官员。

第三，也是最重要的，这份工作给了李靖接触中央高级官员的机会。殿内直长虽然没什么实际权力，但是可以出入皇宫，参加各种大型礼仪庆典的筹备，自然就会有很多机会接触到中央高官，甚至是皇帝本人，这对于拓宽人脉、增长见识是很有用的。

殿内直长一职并没有什么太多需要操心的事情，所以闲暇之时李靖就通过读书来打发时间。李靖所读之书涉及范围很广，他尤其喜欢读兵书，因为他心里始终有一个金戈铁马的梦想。

后来有一次李靖遇到了吏部尚书牛弘。当时天下统一的时间并不算长，很多南北朝时期的弊端依然广泛存在，地方治理问题频出。牛弘随口问李靖对改善地方治理有什么看法。李靖说道："在地方治理方面，当前急务有三——第一，精简郡县，节省开支，提高效率；第二，将地方官员的任免权收归中央；第三，制定一套由吏部考核官员的办法,以决定奖惩、升降。"

一番交谈下来,牛弘对李靖的谈吐大为惊叹,因为他没想到一个小小的殿内直长竟然博览群书,对于很多现实问题也有着深刻的看法,对于治理之事说得井井有条。对此,牛弘赞叹道:"王佐才也!"①牛弘曾经担任礼部尚书和吏部尚书,负责制定礼仪制度,编修图书,选拔人才,是当时朝中的重要官员。能得到牛弘的肯定,李靖自然十分开心,更加坚定了报效国家的决心。

牛弘开始担任吏部尚书是在开皇十九年(599年),这个时候的李靖年近三十。快到而立之年的李靖,却依然只是一个在皇宫里"打杂"的芝麻官,李靖真的甘心吗?但是不甘心又如何呢,眼下能做的,只有等待,等待一个合适的机会。

后来,李靖的职务又有了变化,被调任驾部员外郎。在隋朝,兵部下属四个司,分别是兵部、职方、驾部、库部,其中驾部主要负责管理皇帝车驾、邮政驿站、战马饲养等事务。四个司的长官为侍郎,从五品;员外郎是侍郎的副手,属从六品。

这项工作给李靖带来的,绝不仅仅是从七品官升到六品官这种品级的变化,更重要的是李靖第一次接触到了军务。

在统一战争结束后,隋朝面对的最主要的威胁就是北面的突厥。突厥作为游牧民族,骑兵是其核心战斗力,而中原地区以步兵为主,其作战能力和机动能力都无法与骑兵相提并论。要想与之抗衡,就要求隋军也必须有强大的骑兵。而要想有强大的骑

---

① [后晋]刘昫:《旧唐书》卷六七《李靖列传》,中华书局1975年版。

兵，首先就需要培养一批优秀的战马，这就是李靖的分内工作了。经过这份工作的历练，李靖对马匹已经非常熟悉，马匹的饲养、疾病、环境适应性、生理极限等特性，李靖了然于胸。这对于李靖日后成为优秀的骑兵军官有着很重要的意义，因为一名优秀的骑兵军官，既需要懂骑兵的战法，也需要懂战马的特性，两者缺一不可。

除此之外，李靖还负责一项很重要的事务，那就是邮政驿站。做这项工作，必然要求对全国的道路状况有充分的了解。在这份工作中，李靖对于全国的道路里程、道路质量、山川地势等都有了很充分的了解，这对于日后他征战过程中统筹行军打仗和后勤运输，都有很重要的帮助。

李靖的这份工作应该是做得很好的，因为他得到了朝中重臣杨素的肯定。杨素曾经对李靖说："你终有一天会做到我这个位置上。"杨素在当时绝对是一人之下万人之上的人物。他南灭陈国，北击突厥，战功赫赫，先后担任御史大夫、尚书令、司徒，深受隋文帝和隋炀帝的信任，是当时朝中的第一重臣。杨素的夸奖肯定让李靖诚惶诚恐，毕竟李靖当时只是一个六品小官，怎么敢奢望做到杨素这样的高位呢？

## 第四节　刀下留人

李靖并没有在中央待太久，公元615年李靖离开中央，调任马邑郡丞。

马邑，是一个值得好好说一下的地方。隋朝的马邑郡，管辖地域在雁门关以北，大致相当于现在山西朔州、大同地区。在马邑，历史上曾经发生过两件很有名的事情：白登之围和马邑之围。

公元前200年，汉高祖刘邦亲率30万大军北上平定韩王信的叛乱，继而攻击匈奴。匈奴冒顿单于在平城（今山西大同）白登山设伏，刘邦率领先头部队轻敌冒进，结果陷入包围圈，被匈奴四十万大军包围。汉军被围七天七夜，通过贿赂匈奴阏氏（单于的妻子），才得以逃脱。此为白登之围。

公元前133年，汉武帝刘彻听从大臣的建议，通过一名与匈奴交好的商人，引诱匈奴进攻马邑，然后汉军在周围设伏加以围歼。匈奴军臣单于进军至距马邑百余里处时，发现牲畜遍野而无人放牧，顿生疑心，遂抓来一名汉朝官员，通过审问得知汉军在马邑附近埋伏重兵，军臣单于遂引兵撤退，汉军追之不及。此为马邑之围。

通过这两个战例可以看出来，马邑地区位居边塞，历来就是边防重地。而当时隋朝与北方的突厥正处于敌对状态，边境纷争时有发生，马邑正处于双方斗争的最前沿。

在隋朝，郡的最高长官是太守，郡丞是太守的副手，协助太守管理郡内事务。

当时的马邑太守是王仁恭。王仁恭，558年出生，比李靖大13岁，天水上邽（今甘肃天水）人。王仁恭久居军旅，北击突厥，东征高句丽，能征善战，是当时的一员猛将。在这样的人身边担任副手，对于李靖军事能力的增长，是大有裨益的。

王仁恭在担任马邑太守期间，曾经两次击败突厥。第一次是突厥始毕可汗率军数万南下，王仁恭率三千隋军击破突厥一部，斩首数千。此后突厥又一次南侵，王仁恭率军四千再败突厥，斩首千余，缴获大量牲畜。在这样的名将手下任职，这对于李靖是很好的历练。不过这种历练并没有持续太久，因为王仁恭很快就去世了……

位居边陲的马邑经济落后，物资匮乏，再加上战乱不断，当地百姓生活困苦，饥寒交迫。王仁恭虽然作战勇猛，但是为人却非常吝啬，不愿意开仓放粮、赈济百姓，导致百姓怨声载道。大业十三年（617年）二月，王仁恭手下一名军官刘武周率军闯入衙门，杀死王仁恭，自称太守，然后开仓放粮，招兵买马，饱受饥寒困苦的马邑百姓群起响应。

刘武周之变事出突然，太守王仁恭都被杀了，作为一个并没有多少兵权的郡丞，李靖肯定也是无力抵御。但是作为一个有责任心的官员，李靖并未一走了之，他必须去搬救兵，剿灭刘武周。他想到了离马邑最近，同时又驻扎有大军的太原，想要求助于太原留守李渊。

李渊，公元566年出生，比李靖大5岁。李渊的出身比李靖要高贵得多，其祖父李虎曾经官拜太尉，死后被追封为唐国公。李渊的父亲李昞，是北周的御史大夫、安州总管、柱国大将军，袭封唐国公。隋文帝杨坚的皇后是李渊的姨母，隋炀帝杨广是李渊的表弟，因此李渊是比较正统的皇亲国戚、豪门贵族。

家世如此显赫，李渊的仕途自然是顺风顺水，年纪轻轻就曾经担任州刺史和郡守。隋炀帝杨广远征高句丽，李渊负责运输粮草。大业十二年（616年），李渊晋升右骁卫将军，这可是从三品的高级武官。次年，李渊晋升为太原留守，负责现在整个山西地区的军政事务。

但是就在李渊官运亨通的时候，整个国家却彻底乱了。因为隋炀帝好大喜功，横征暴敛，导致天下民不聊生。从611年起，农民起义便不断发生，不仅遍及山东、河北等地，而且发展到全国范围。杨广下令进行血腥镇压，但是农民起义却越来越多，逐渐呈现燎原之势。616年，杨广再次南巡江都（今江苏扬州），而后他返回长安的道路便被农民起义军切断，杨广被困江都。

此时作为世受国恩的皇亲国戚，李渊本应该立刻率军平定农民起义，但是李渊并没有这么做，因为他看到了一个机会——夺取天下！

李靖死里逃生来到太原，立刻去见李渊，李靖焦急万分地告诉李渊说："李太守，刘武周率部兵变，已经杀死了太守王仁恭，马邑与太原近在咫尺，请您立刻发兵，剿灭刘武周！"听到这个消息，李渊心中暗喜，终于找到了征集兵马钱粮、大量扩军的借口了！于是他安抚李靖道："好，李郡丞，你且安心，我马上召集兵马，讨伐刘武周！"听到李渊这样说，李靖兴冲冲地走了，回去等着李渊召集他前去共同讨伐刘武周。

这一等就是几个月，李靖心里越来越纳闷，突然一个念头浮现在李靖的心头——李渊要造反！

这个念头把李靖自己都吓了一跳，他开始四下里观察李渊的举措，他发现李渊一直以讨伐刘武周为名招兵买马，筹备粮草，但就是不发兵。此时李渊已经聚集了数万大军，这么强大的力量对付刘武周已经是易如反掌。李渊按兵不动，仍然在集结军队，大乱之世手握重兵，李渊想干什么？只有可能是准备造反，自立为王！细细一想，李靖越来越觉得这很有可能是真的。

想到这里，李靖觉得自己不能再等了，必须立刻将这里的情况禀报皇帝。可是皇帝被困江南，自己身处太原，相隔万里。当时，李靖想起了杨素、牛弘对自己的期待，他坚定了作为隋朝官员的忠诚，他鼓舞自己：就是再远，我也要见到陛下，告诉他这里发生的事情，以报皇恩！

当时由太原去江都有两条路。第一条是先前往洛阳，然后沿大运河南下，这条路最近，也最方便。但是此时中原地区到处都爆发了农民起义，自己身为朝廷官员，这条路已经不能走了。第二条路是先前往长安，然后经汉中，沿汉水而下到达荆州，然后顺江而下到达江南。这条路虽然远，但相对安全可行。计划已定，李靖立刻准备前往长安。

可是怎么离开太原又成了一个大问题，自己不是李渊的亲信之人，李渊肯定对自己有所防备，这里到处都是李渊的耳目，想逃走是很困难的。最终，李靖想出了一个方法，他把自己打扮得蓬头垢面，装扮成犯人的模样，让手下人把自己装在囚车里，蒙混出了太原。离开太原后，李靖立刻快马加鞭赶到长安，准备经汉中前往江南。但是到了长安后，李靖发现了一个严峻的事实：这条路也走不通了，因为荆州已经被起兵反隋的萧铣占据了。

李靖无奈地发现，自己已经无处可去，只能留在长安。此时留守长安的是隋军大将阴世师，此人也是久经沙场，战功赫赫。有他在，李靖相信长安暂时是安全的。

果如李靖所料，李渊举兵叛隋。617年七月，李渊率军三万在晋阳誓师南下，随后势如破竹，连破隋军，沿途招兵买马，实力迅速壮大，同时李渊在关中的亲属也起兵响应。李靖本来以为阴世师能够挡得住李渊，但是他很快就失望了。虽然阴世师确实是坚定的抵抗者，但是他在组织抵抗的同时，还将李渊家的祖坟掘毁，甚至将李渊家的宗庙也都拆了。这种行为遭到了很多人的唾弃，李渊更是誓破长安，阴世师的荒唐做法激发了李渊大军的战斗力。

十月，李渊兵临长安城下，麾下已经有二十万兵马，声势滔天。十一月，李渊率军攻破长安，阴世师兵败身死。李渊立杨广之子杨侑为帝，即隋恭帝，遥尊杨广为太上皇。在李渊的自导自演下，隋恭帝授李渊为假黄钺、使持节、大都督内外诸军事、大丞相、录尚书事，封唐王，总理天下一切政务。

李渊进入长安城后，开始了一场清算。反对李渊的人纷纷被抓，这其中自然就包括李靖。出乎很多人的意料的是，李渊要杀李靖！

李渊初入长安时是非常宽容的。李渊仿照当年刘邦入关中的做法，"与民约法十二条，悉除隋苛禁"，除了阴世师等极少数人被杀外，其余皆不追究。李靖一个小小的郡丞，无法与阴世师这样的统兵大将相提并论，为什么李渊非要杀李靖不可呢？从历史的痕迹可以分析出，这可能和李渊的儿子李智民之死有关。

李渊先后有五个儿子，按照长幼分别是：李建成、李世民、李玄霸、李元吉、李智民。其中李玄霸在614年去世，所以李渊起兵时还有四子，李智民最小，只有14岁。李渊起兵前，李智民和李建成一起驻守河东（今山西永济）。后来李建成前往太原的时候，没有带走李智民。结果李智民被隋朝官吏逮捕，送往长安，被阴世师杀害。

关于李建成不带李智民走的原因，可能有以下两点：

第一，李智民被李渊放弃了。如果李建成带着李智民一起走，同时李渊又在太原招兵买马，那么很容易就让人怀疑李渊要造反。所以李渊有意留下李智民，用以麻痹其他隋朝官员，从而掩护自己的实际行动。于是，李智民就成了李渊的一枚弃子。

第二，李建成来不及带走李智民。长安的阴世师意识到李渊要造反，所以先下手为强，去抓离自己最近的李建成和李智民。这完全出乎李建成的意料，他仓皇逃跑，根本没来得及带走李智民。

如果是第二种可能，那阴世师意识到李渊要造反，便很可能是因为李靖向他告密，也就是李靖在投靠阴世师后，将李渊的反常举动汇报给了阴世师，阴世师虽无力剿灭李渊大军，但是他决心铲除李建成和李智民。这也可以解释李渊为什么一定要杀李靖这样一个小人物。

不管原因如何，李靖最终被押赴法场，推上了断头台。此时李靖在想什么呢？此刻他最大的遗憾可能就是自己壮志未酬：

以前，我曾经被赞誉为少年英雄；

舅舅韩擒虎曾夸我，可与论孙吴兵法；

牛弘曾说我是王佐之才；

杨素曾说我将来可以和他一样位居高位。

得到了这么多的赞誉，可是到头来又做成了什么呢？

我已经47岁了，马上就将要到知天命的年纪，可是只做到小小的郡丞，如今国家已风雨飘摇，所谓建功立业、报效国家，都已经成为浮云，到头来自己还是一事无成。

不甘心，我不甘心！

于是，在法场上，面对着李渊，面对着所有人，李靖吼出了一句话："公起义兵，本为天下除暴乱，不欲就大事，而以私怨斩壮士乎！"

李靖的话让所有人都愣住了，包括李渊在内。李渊没想到，一个将死之人，还能够有这种气概。此时在李渊耳边传来了一个声音："父亲，我观此人绝非奸佞，不如暂且留下，让他死在疆场也好！"

说这句话的人，名叫李世民。

李世民，李渊次子，598年出生，小李靖27岁，可以说比李靖小了一辈。李世民虽然年轻，但是少年英才，能文能武。在李渊晋阳起兵之后，李世民作为先锋大将，屡立战功。攻克长安后，李世民获封秦国公。

听了李世民的话，李渊犹豫了一下，李靖真的需要杀吗？不杀，难消心头之恨。可是人死不能复生，杀了又有什么用呢？李靖的才能自己也是听说过的，虽然并未在隋朝立下什么功劳，但是这份忠诚依然值得欣赏，并且他刚才的气概也确实让人钦佩。李渊回头看了一下李世民期待的眼神，叹了口气说："好吧，就听你的。"

得到父亲的允许，李世民接着说："父亲，可否让他到我帐下听用？"

"既然此人由你保下，那为你所用也理所应当，只是要多加留意，不可深信、重用。"说完，李渊头也不回地走了。李靖活下来了，自此成为李世民麾下的一员。

离开刑场之后，李世民把李靖带回了秦王府。李靖跪倒在地，感谢李世民的救命之恩，但是他也疑惑地问道："将军与我素不相识，为什么要救我？"

李世民说道："我之所以救你，是想留你日后平定天下。我早就听说过，楚公杨素对你评价甚高，杨素向来善于识人，相信他的眼光定不会错。今日在刑场上，你临危而不忘大义，确实是气度非凡，如果就这么把你杀了，岂不是可惜？"

李世民在进军长安的过程中战功赫赫，李靖早有耳闻。看着眼前的这个年轻人，李靖越发感到惊叹：如此年轻就英武无比，此人前途不可限量，此时自己也别无选择，跟着他肯定可以成就一番大功业，于是他再次叩拜，说道："李靖愿意为将军效力，肝脑涂地，在所不辞，以报将军再造之恩！"

自此，李靖进入了秦王府。在进入秦王府后，李靖担任秦王府的三卫军官。三卫指的是王府亲卫、勋卫、翊卫，是秦王府的武装力量，李靖担任的就是三卫中的某一官职。从此时开始，到跟随李世民平定中原，这段时间里李靖还担任过什么官职，在史书中并无记载。在唐代刘肃写的笔记小说《大唐新语》中，记载李靖曾经担任岐州（今陕西凤翔）刺史，并且其间还发生过一个很惊险的故事。

书中记载，李渊虽然赦免了李靖，但是依然对李靖愤恨不已。有人为了迎合李渊，就诬陷李靖谋反，李渊立刻派了一名御史去调查此事，他对这名御史说："李靖如果真的造反，你可以把他就地杀掉。"御史知道李靖是冤枉的，在见到诬告者后，假装自己把状告李靖的状纸弄丢了，就让诬告者再写一份状纸。结果御史发现两份状纸写的内容大相径庭，于是就将此事告知李渊，这才证明了此事纯属诬告，救了李靖一命。

笔记小说里面的记载，无法保证其真实性，不过可以从侧面反映出李靖刚刚投靠李渊时的艰难处境，如果没有李世民的信任和保全，李靖早已身死。

年少时，李靖曾说："大丈夫若遇主逢时，必当立功立事，以取富贵。"此时不知道李靖有没有意识到，他所说的明主，已经出现了。

此后的数十年里，两个人将一起打下一片天下！

# 第二章 牛刀小试

## 第一节 从征中原

占领长安之后,李渊迎立杨广的孙子杨侑为帝,改元义宁,遥尊炀帝杨广为太上皇。杨侑授李渊为假黄钺、使持节、大都督内外诸军事、大丞相、录尚书事,进封唐王,李渊完全掌控了朝局。618年三月,隋炀帝在江都之变中被禁军杀死,此后李渊加紧了篡夺皇位的进程。618年五月,杨侑禅位于李渊,李渊改国号为唐,改元武德,是为唐高祖。李渊封李世民为尚书令、右武候大将军,进封秦王,李靖也就此成为秦王府的一员。

虽然李渊正式建国称帝,但是此时天下烽烟四起,群雄逐鹿,李渊若想廓清寰宇,一统天下,还有很长的路要走。于是建国伊始,李渊就四处征战,这其中他最为倚重就是秦王李世民。

618年,李世民率军大败割据陇西的薛仁杲,将其俘虏后斩杀，陇西平定。

619年，割据凉州的李轨内部发生动乱，李渊趁机讨伐，李轨被俘，凉州平定。

同年，刘武周大举进攻太原，唐军战败，留守太原的李元吉弃城逃走。

620年，李世民率军大败刘武周，收复山西地区。

经过这几次战役，李渊完全占据了西部地区，有了安定的大后方，已经具备了向东逐鹿中原的条件。

此时中原地区的割据势力主要有两股：王世充和窦建德。

王世充在镇压农民起义的过程中屡立战功，不断升迁。618年三月，在江都的隋军将领宇文化及发动叛乱，杀死隋炀帝杨广。消息传到洛阳，王世充等人立杨广15岁的孙子杨侗为帝，王世充被封为郑国公，总揽朝政。619年四月，王世充威逼隋恭帝杨侗禅位，自此登基称帝，建国号为郑。

与王世充相比，窦建德正好相反。王世充靠镇压农民起义起家，而窦建德是靠发动起义反抗官府得势的。从农民到起义反抗隋朝，他的实力不断壮大，队伍发展到十余万人。617年正月，窦建德自称长乐王。618年冬，窦建德建国号为夏，自称夏王。

王世充和窦建德，一个占据河南，一个占据河北，是李渊平定中原所必须面对的两大劲敌。

当时李渊既可以由太原出井陉关进攻河北，也可以由长安出函谷关进攻河南。从战略上来讲，进攻哪一方都可以，但是此时王世充集团内部动乱不断，他主张以严刑峻法来维护自身权力，这就更导致上下离心。而窦建德虽然出身草莽,但是很懂治国之道。他生活节俭,善用人才,劝课农桑,河北地区在他的治理之下逐渐安定。因此,长年身陷战祸的百姓们对他十分爱戴拥护。两相比较,强弱已经很明显了。于是李渊决定,先弱后强,先对内部动荡的王世充开战。

武德三年(620年)七月初一,李渊下诏,命秦王李世民统率大军十余万,进攻东都洛阳。李世民首先命令罗士信率军围攻慈涧(今河南新安),王世充率军三万前来营救,接应慈涧守军,退守洛阳。八月,唐军进抵洛阳城下。洛阳为十几朝古都,城池十分坚固,因此李世民并未急于攻城,而是致力于先扫清洛阳外围的据点。此后两个月的时间里,洛阳周边的回洛城、千金堡、硖石堡、轩辕关等重要城镇和关隘先后被唐军占领,洧州、邓州等州郡先后投降唐军,在洛阳的王世充逐渐被孤立,先后几次出兵均被李世民击溃。

被困洛阳的王世充只得派人向窦建德求援。王世充和窦建曾经都视对方为最大的竞争对手,冲突不断,互不往来。因此对于王世充的求援,窦建德在一开始是不予理会的。但是随着时间的推移,王世充困守洛阳,败局已定。窦建德虽然对王世充仍有成见,但是唇亡齿寒的道理他还是懂的:如果出兵相助,救下王世充,那仍可以在中原地区维持唐、夏、郑"三足鼎立"的局面,甚至进一步扩展;而如果仍作壁上观,王世充无论是战是降,都对自己极为不利。面对王世充三番五次派来的求援使臣,窦建德最终决定:救援洛阳!

621年三月，窦建德率军十余万，号称三十万，向洛阳挺进。

听闻窦建德大军前来，唐军内部极为恐惧，大家开始七嘴八舌地讨论起来：

"窦建德大军前来，我们不如暂避锋芒，坚守虎牢关天险，敌人奈何不了我们。"

"我军坚守虎牢关，如果王世充在我军背后偷袭怎么办？不如退守潼关，再择良机攻打洛阳。"

"我也觉得应该退守潼关，一山不容二虎，王世充和窦建德肯定不能和平共处，用不了多久就会打起来，我们很快就会有机会打回来的。"

就在众人议论纷纷的时候，秦王府主簿薛收却说："不然。世充据东都，府库盈衍，其兵皆江淮选卒，正苦乏食尔，是以求战不得，为我所持。今建德身总众以来，必飞毂转粮，更相资哺。两贼连固，则伊、洛间胜负未可岁月定也。不若勒诸将严兵缔垒，浚其沟防，戒毋出兵。大王亲督精锐据成皋，厉兵按甲，邀建德路。彼以疲老，当吾堂堂之锋，一战必举。不旬日，二贼可缚致麾下矣。"[1]

薛收的意思是，王世充所部都是精锐，今天被我们围困只是因为缺乏粮食。窦建德也是倾国而来，若让他们两个人会合，到时候兵精粮足，实力大增，我们不知道要花多长时间才能击败他们。现在趁他们还没会合，我军应该聚集精锐，以逸待劳，

---

[1] ［宋］欧阳修：《新唐书》卷九八《薛收列传》，中华书局1975年版。

先击败窦建德。击败了窦建德的援军，王世充的希望就彻底破灭了，到时候攻克洛阳就轻而易举了。对于薛收的建议，李世民深表赞同，于是力排众议，命令李元吉率军继续围困洛阳，亲自率领精锐骑兵三千五百人前往虎牢关，抵御窦建德。

在虎牢关，李世民并不出战，而是和窦建德军相持了一个多月，窦建德始终难觅良机。后来，窦建德听说李世民粮草将尽，于是准备发起总攻。

五月，窦建德下令全军出击，军阵长达二十里。窦建德想诱使唐军主动出击，于是派出三百人在唐军阵前一里列阵，李世民也派小部队出击，双方多次发生小规模战斗，互有胜负。

此时，窦建德的大军已经列阵几个时辰，士兵疲惫不堪，全部都坐在地上，又都争着去喝水，军阵逐渐松懈。李世民见状，立刻下令全军出击，李世民更是亲自率军冲入敌阵。窦建德刚刚回军扎阵，还来不及整顿阵列，李世民已杀到，刀锋所向，敌军纷纷溃散。窦建德军队混乱不堪，一溃千里。唐军大胜，俘虏五万余人，窦建德也被擒获。

擒获窦建德后，李世民把窦建德押往洛阳城下，王世充见窦建德兵败，自知败局已定，于是开城投降。随后，河南、河北的其他城池多数都投降唐军，中原局势基本平定。李世民一战擒二王，平定中原，成为中国战争史上的光辉战例。

李靖确实参加了李世民平定中原的征战，这一点是可以肯定的，《旧唐书》有明确记载，但是他具体干了什么，史书上却并没有记载，只留下一句"以功授开府"。

"开府"的意思是官员可以自选僚属，建立自己的办事机构。我们都知道，担任朝廷高官，事务是很繁杂的，不可能由一个人处理完成，于是就需要帮手。按照当时的人员配备，主官都会有副手，比如李靖此前担任的郡丞就是副手。但是由中央配备的副手数量较少，不足以分担日常的工作；又因是上级派遣下来的，和主官相处未必合得来，机构内正副官员之间发生矛盾再正常不过。

在这种情况下，一旦获得"开府"的资格，官员就可以选择亲信之人担任自己的帮手，组建专属于自己的机构，帮助自己处理政务，这样效率就可以大大提高。获得开府的资格，虽然权力没有增加，但是对于官员仍然有很重要的意义。

那么李靖获得的开府资格有没有分量呢？我们首先来看一下虎牢关之战其他功臣获得的封赏如何：

李世民，被封为天策上将。

屈突通，晋升陕东大行台右仆射，镇洛阳。

丘行恭，晋升左一府骠骑。

宇文士及，由新城县公进封郢国公。

李勣[①]，史载"太宗为上将，勣为下将，与太宗俱服金甲"。

秦叔宝，进封翼国公，赐黄金百斤，帛七千段。

程知节，进封宿国公。

虎牢关之战是唐朝平定四方的过程中最重要的一场战役，因

---

① 李勣：唐政治家、军事家。原姓徐，名世勣。唐高祖李渊赐李姓，故名李世勣。后因避唐太宗李世民讳，改名为李勣。本文为方便读者阅读，统用"李勣"。

此参与其中的武将统领受到的封赏非常丰厚。在之前讲爵位的时候也提到，国公是王之外最高的爵位，因为王号一般只有皇族成员才能获得，所以国公是一个普通出身之人所能获得的最高爵位。虎牢关之战，一战成就三位国公，可见此战之重要和封赏之厚。

此战李靖所获得的开府资格虽然也很有分量，但是较之前述人物，只能算是第二等封赏。单从封赏来看，李靖此战功劳不大。不过从史实分析来看，李靖立下的功劳并不小。

上述人物虽然受的封赏很厚，功劳很大，但是他们普遍都有一个共同点，那就是基本都是冲锋陷阵的将军，而非出谋划策的智囊，如为李世民提出重要建议的薛收，战后被封为天策府记室参军。由此可以看出，相对于正面厮杀的将领，出谋划策的文臣们所获的封赏是普遍不如将领的。

而李靖大概率是没有去冲锋陷阵的。因为一方面此时李靖已经五十岁了，确实不适合再上马砍杀；另一方面如果李靖真的上阵杀敌而有突出贡献，那么史书一定会留下一笔的，会具体记录他的战事，然而并没有史料记载这件事。所以，此战之中，李靖有可能从事的只是辅助决策、作战谋划之类的工作。这个时候的李靖已经具备了比较好的军事素养和参谋能力，能够获得"开府"这样的赏赐，已经在很大程度上证明了当权者对李靖的认可和信任。

初上战场，李靖的表现是合格的。李靖将要走上新的战场，也将在这个战场真正开始自己的名将之路。

## 第二节 南下荆州

在虎牢关之战结束后,李渊交给李靖一项新的任务——南下协助李孝恭平定占据荆州的萧铣。

萧铣,是曾经萧梁政权的皇族之后,出身相当高贵,不过早年经历却十分坎坷。

萧梁政权末年,政权内部爆发了激烈的权力斗争,萧铣的曾祖父萧察也卷入其中。在西魏军队的帮助之下,萧察在江陵(今湖北荆州)即位称帝,建国号为梁,史称西梁。萧察虽然当了皇帝,可是政权管辖范围只有荆州一州之地,西梁也只是西魏扶持下的傀儡政权,到后来的北周和隋朝,西梁依然是傀儡政权。

587年,隋文帝杨坚命令西梁皇帝萧琮到长安朝见。对于这次朝见,西梁内部很多人非常恐惧,因为他们担心杨坚会把萧琮扣留在长安,然后趁机灭掉西梁,萧铣的祖父安平王萧岩于是率众投降南陈。果不其然,萧琮到长安后就被杨坚扣留,杨坚下令废除西梁国号,将其并入隋朝。589年,隋军灭亡南陈,萧岩被俘,被杨坚下令诛杀。

因为祖上的经历,所以萧铣幼年的时候家庭非常贫困,他只能靠帮人抄书谋生。世事无常,萧岩有一名下属叫张轲,在萧氏家族受难时,收养了萧氏家族的一名女孩,后来这个女孩竟然成了隋炀帝杨广的皇后。同宗出了皇后,萧铣自然也跟着沾光,自此摆脱了贫困的生活,被隋炀帝封为罗川县令。

隋炀帝统治后期,天下大乱,烽烟四起,荆州也难以幸免。

大业十三年（617年），岳州（今湖南岳阳）的几个下级军官董景珍、雷世猛、郑文秀等人共谋起兵反隋，众人欲推举董景珍为首领，董景珍说："我出身寒微，恐怕不能服众。罗川令萧铣，是梁朝皇帝后代，宽仁大度，有梁武帝遗风。况且我听说帝王兴起，一定会有预兆。隋朝冠带都称为'起梁'，这是萧氏中兴的征兆。现在推他为主，应天顺人，不更好吗？"其他人纷纷点头。

于是，这些人便告知萧铣想要起兵之事。如果换作一般的县令，听说有一帮反贼要推举自己为首领，那肯定是一万个不愿意——天下虽乱，但自己仍有一官半职，尚可维持自己清平的日子，为什么要去冒风险做掉脑袋的事情呢？但是萧铣答应了，因为他是一个不甘于平庸的人，他想重振萧梁家族昔日的辉煌，他想拥有属于自己的江山。

他对董景珍等人说："我们萧家的先祖曾经侍奉隋朝，各种礼节毫无缺失，但是隋朝竟贪图我们的土地，吞并了我们的国家，毁灭了我们的社稷，杀了我的祖先。多年以来，我一直对此痛心疾首，想洗雪这个耻辱。如今上天给了我这个机会，让我重续梁朝统治，我又怎么敢拒绝呢？"随后，萧铣利用自己县令的身份招兵买马，很快就招募到几千人，与董景珍等人共同起事。

起事之后不久，萧铣称梁王。因为萧氏家族在当地的巨大影响力依然存在，所以响应萧铣的人非常多，萧铣的部众很快就发展到几万人。618年，萧铣正式登基称帝，重建梁国，并把董景珍、雷世猛、郑文秀等七人全部封王。随着隋朝统治的崩溃，归附萧铣政权的州郡越来越多。仅仅用了不到一年的时间,萧铣政权的地域就西至三峡,南到交趾(今越南北部),北据汉水,东到豫章(今江西南昌),拥兵达四十万人。

在平定王世充、窦建德之后,萧铣就成为李渊当时最大的劲敌,于是崭露头角的李靖受命南下,参与平定萧铣政权的征战。

李靖由长安南下,首先到达金州(今陕西安康),在这里李靖南下的道路被阻滞了,因为当时庐江王李瑗正被当地蛮族围攻,连战皆败,朝不保夕。蛮族熟知当地地形,又凶悍善战,很难对付,李瑗不得不向李靖求助。

李靖到达金州之后,先率军奇袭,连败蛮族,先声夺人。在取得胜利之后,李靖又恩威并施,善待俘虏,最终让当地的蛮族部落彻底臣服,不再与唐为敌。在金州,李靖初步展示了自己的能力。

但是,李靖万万没想到这场胜利却为他引来了杀身之祸!

萧铣在荆州称帝后,立刻命令军队沿长江北上,进攻硖州(今湖北宜昌)。萧铣派遣部将杨道生率军围攻硖州,硖州刺史许绍大败杨道生。萧铣又派遣部将陈普环乘大船逆流而上,与当地蛮族联合围攻硖州。许绍再度大破敌军,生擒陈普环,夺取了他的船舰。萧铣在与硖州相对的江南岸修筑了安蜀城和荆门城,作为防御硖州的重要据点,许绍派兵连克两城,又一次大败萧铣。许绍不仅作战有方,而且深谙人心。许绍的士兵凡是被萧铣俘虏的,都被杀害了,但是如果许绍俘虏了萧铣的士兵,都给予财物,然后放走。久而久之,萧铣的士兵都被许绍的宽大打动,在与许绍作战的时候都出工不出力,萧铣就更难获胜了。

虽然许绍连连获胜,但是李渊依然非常为硖州的安全担忧。当得知李靖在路上耽误了时间后,李渊大怒:"这个李靖,金州与硖州孰重孰轻分不清吗?怎能在金州滞留不前,贻误军机!如果硖州丢了,他负得起这个责任吗?"盛怒之下,李渊给许绍下了一道密旨:处死李靖!

李渊的这道密旨毫无道理可言。

首先,李靖在当时的情况下救李瑗绝对没错。如果李瑗失败了,金州被蛮族占领,那么长安和硖州的交通就切断了,到时候别说增援硖州,长安也会面临危险。

再者,李瑗是李渊的侄子,是唐朝宗室,如果李靖坐视不管,导致李瑗身死,金州失陷,那必定又要背上一条见死不救的罪名。

最后,李靖的支援对于硖州来讲真的就那么重要吗?没有李靖硖州就危在旦夕吗?明显不是。在李靖到硖州之前,许绍连战连胜,屡屡击退萧铣,让他在硖州不能前进分毫,因此当时的战局并不危险。

所以,李渊要杀李靖,从当时的情况看,可能纯粹是李渊因为个人私怨而意气用事。

当这份旨意传到许绍那里的时候,许绍也明白李渊的旨意是错误的,再加上他在此前李靖支援金州的事情中,也看到了李靖的才华,于是立刻上书李渊替李靖求情,让他在军中听用,戴罪立功,这才保下了李靖的一条命。当李靖得知李渊要杀自己的时候,李靖是什么心情呢?是寒心,悲痛,后怕,抑或其他,我们不得而知。

谢过许绍的救命之恩后，李靖终于来到了此行的目的地——李孝恭的军营。李孝恭，生于591年，小李靖二十岁，他是李渊的侄子。在此之前，李孝恭最大的贡献是招抚巴蜀。618年李渊称帝后，命令李孝恭为山南道招慰大使，负责招抚巴蜀地区。李孝恭到了巴蜀后，恩威并施，只用了很短的时间，巴蜀之地就全部归降，他因此功被封为赵郡王。

李靖刚刚到李孝恭处，前方就突然告急。原来开州（今四川宣汉）的蛮族首领冉肇则举兵反叛，正在大举进攻夔州（今重庆奉节），李孝恭亲自率军镇压，反被冉肇则击败，情况非常危险。此时前方主将战败被围，后方军心震动，士卒一片慌乱，不知所措。就在军中朝着不战而溃的方向发展的危急时刻，一声怒吼突然让混乱的军营沉寂了下来："安静！"

所有的士兵都纷纷回头，望向那个说话的人，只见一个鬓角斑白的男人缓步走上高台，对所有人喊道："我乃李靖，奉陛下旨意到此辅佐赵郡王征讨逆贼。现在郡王作战不力，如若再败，我等都脱不了干系，甚至会丢了脑袋。想要保住性命，所有人都要听我的命令，速速回营准备马匹装备，随我前去营救郡王。"说完，李靖顿了一下，按剑说道："如有不听令者、扰乱军心者，莫等陛下旨意，立斩！"所有士兵都被李靖不容置疑的气概震慑住了，混乱的场面逐渐安定。于是军士们立刻回去收拾行装，准备随他出战。

李靖雄心勃发，这是他第一次独当一面地统军作战，为了这一天他已等了五十年。万般滋味涌上心头，李靖不禁有一股流泪的冲动，但是他马上稳住了心神：战斗才刚刚开始，这一仗必须成功，打出威名！

　　随后，李靖挑选了八百名精锐士兵，趁冉肇则获胜之后疏于防范，突然对蛮族的军营发动袭击。冉肇则万万没想到，已经战败了的唐军能在这么短的时间内完成集结，而且士气更盛地卷土重来。在李靖的进攻下，冉肇则的士兵溃不成军，冉肇则只得下令撤退。但是事情还远远没有结束。李靖早就预料到冉肇则会撤退，所以他派余下的部队在冉肇则撤退的必经之路上设伏。当冉肇则进入伏击圈后，唐军伏兵四起，刚刚经历一场大败、士气低落的蛮族军队彻底崩溃，冉肇则被临阵斩杀，五千多人成了唐军的俘虏。

　　此战李靖的战术指挥堪称精妙。李靖之所以只带八百人去进攻，第一个原因自然是小队人马便于隐蔽，从而达成战役的突然性，但是还有一个很重要的原因，就是李靖需要为后面的伏击战留下足够多的兵力。这里就涉及击溃战和围歼战之间的关系。常言道，伤其十指不如断其一指，讲的就是击溃战的效果远远不如围歼战好。击溃战，看起来也是胜利了，但是敌人的有生力量依然存在，只是暂时退去，那么只要这支军队的领导核心还在，依然可以重振士气，有朝一日再次发动反击，依然是个隐患。因此，只有对敌人进行彻底的围歼，才能够真正粉碎敌人的抵抗，一劳永逸地解决问题。

　　明白了这个道理，李靖此战的精妙之处就很明显了。李靖当然可以带领大部队直接进攻冉肇则的军营,但是这样难以隐蔽,即使获胜也很难歼灭敌人。更重要的是,即使能够把敌人包围,营地也绝对不是一个合适的围歼战场所。军营内防御设施众多,在这里围歼敌人即使成功,伤亡也一定很大。所以,李靖的选择是先以精锐之师把敌人击溃,将敌人从营地里赶出来。敌人遭到打击,士气低落,并且暴露在野外无处躲藏,正是设伏围歼的最佳机会,此时集中大股力量设伏围歼,必定战果大而伤亡小。正因为李靖妥善谋划,此战的胜利才如此辉煌。

当捷报传到京师时,李渊高兴地对众公卿说:"朕闻使功不如使过,李靖果展其效。"立即颁下诏书,慰劳李靖说:"卿竭诚尽力,功效特彰。远览至诚,极以嘉赏,勿忧富贵也。"李渊还亲笔写信对李靖说:"既往不咎,旧事吾久忘之矣。"①

李渊的态度,其实是颇堪玩味的。

首先,李渊从始至终都觉得李靖是戴罪之身。但是李靖真的有罪吗?李靖从太原逃走,那是因为他忠于隋炀帝。从李渊的角度看李靖自然是有罪的,但是生逢乱世,大家各为其主,这种行为本就没什么是非对错之分。当时隋炀帝虽然暴虐,却是正统所在,李靖效忠隋炀帝谈不上有错。李靖停滞金州一事,前文已经论述过,李靖仍是出于对大局的考虑,也是没罪的。所以,李渊说这些话的大前提就是错的。

其次,李渊说"既往不咎,旧事吾久忘之矣",这话意思就

---

① [后晋]刘昫:《旧唐书》卷六七《李靖列传》,中华书局1975年版。

是说，李渊认为李靖本来是有罪的，但这一仗表现尚佳，因此李靖获得了他的原谅。这句话不仅再次认定李靖是有罪之身，更重要的是李渊想让李靖明白，自己是宽宏大量的，是可以既往不咎的，是准备重用李靖的，而这一切都是李渊作为君主赏赐给臣子的，李靖应该懂得感恩。由此可见，李靖虽然立了战功，但是李渊对李靖的态度依然很复杂。

那李靖对是李渊什么态度呢？历史上没有留下记载。因为李靖被后世之人奉为当时的道德楷模，所以后世很多人说，李靖如此低调谦逊的人，此时接到皇帝诏令，必定诚惶诚恐，感念皇恩浩荡，发誓要为陛下竭尽忠心。但是人都是复杂的，再老实的人也会有脾气。如果自己本就没做错什么事情，却屡次险些被杀，事后对方又堂而皇之地说既往不咎，那么即使是再宽宏大量的人，也很难会对此不心怀芥蒂。

所以，我们更愿意相信，李靖在心里对李渊依然是有不满的，否则便无法解释之后玄武门之变中李靖的态度。

不管如何，李靖终究是获得了李渊的肯定和重视，他也终于有了独当一面的机会。不过李靖并没有忙于率军再次出击，而是把稳固后方作为首要任务。他注意到夔州至硖州之间山区的蛮族与唐军的关系很紧张，必须先稳住他们，才能放心东进，不然一旦战事不利，唐军连退往巴蜀的后路都没了。于是李靖向李孝恭建议，将附近蛮族酋长的子弟悉数招入军中，量才任用。李靖这样做，一方面是为了缓和和蛮族的关系，另一方面也是将他们作为人质，让蛮族不敢轻举妄动。对于李靖的建议，李孝恭自然是全盘接受。此后唐军进攻萧铣之时,大后方可安定无忧。李靖的做法和三国时期诸葛亮安定南中的做法如出一辙,有效保证了后方的安全。

接下来,李靖的军事才能开始彻底显现出来。

## 第三节　智破萧铣

就在李靖正忙于招降蛮族的时候,萧铣政权也在忙着,不过是忙着内斗。

萧铣政权实际上是一个"合作政权"。萧铣虽然也有属于自己的力量,但毕竟是靠众人的拥立才登上皇位的,所以萧铣称帝之后,立刻把对自己有拥戴之功的董景珍、雷世猛、郑文秀等七人全部封王。这些王爷们有权又有兵,经常胡作非为,手下的士兵也是受到庇护,无法无天。

对此萧铣非常忧虑,于是他想出了一招。某日,萧铣突然下了一道命令:"现今战乱不断,老百姓没法平安度日,土地也都荒废了。无人耕种,便没有财赋税收。现在我们坐拥四十万大军,如此数量庞大的军队,不仅不生产,反而要消耗那么多粮食,对于朝廷来说负担太大。所以朕决定裁减军队,让士兵去耕种,保障财粮收入。"

萧铣的这个决定一出,手下众将一片哗然。在那个乱世,有枪就是王,没兵就没权,没兵就没命,这是一个最简单的道理。

所以，萧铣的决定立刻引发了强烈的反对。最先跳出来反对的是当时担任大司马的董景珍的弟弟，他素来骄横，对此事更加心怀不满。于是试图举兵谋反，但是因为消息泄漏，被萧铣诛杀。当时董景珍正镇守长沙，萧铣镇压了这场叛乱后，令人前去安抚董景珍："令弟坐罪，与你无关，莫要担忧。你且率军回到荆州，有要事与你相谈。"

接到萧铣的诏令，董景珍非常紧张：弟弟已经因为造反被杀了，自己现在去荆州能有什么好事，萧铣这摆明了是要杀我。董景珍越想越害怕，于是作出了一个决定：联络李孝恭，投降唐朝！

董景珍的这个决定明显是错误的，此时他远在长沙，唐军李孝恭、李靖等人在硖州，与其距离甚远，鞭长莫及，无法提供有力的支援。很快萧铣就派遣将军张绣率军包围了长沙。孤立无援的董景珍对张绣说："你忘了当年彭越、韩信的事情了吗？①"对于董景珍的劝说，张绣明显听不进去，依然指挥大军攻城。最终长沙城破，董景珍在突围逃跑的过程中被部下所杀，首级被送给萧铣。董景珍虽死，但是他却一语成谶——张绣得胜回朝之后不久，就因为居功自傲被萧铣诛杀。

当初起兵之时，是董景珍首先提出拥立萧铣，可以说在萧铣即位过程中董景珍是毫无疑问的首功，但是却最终落得兵败身死的下场。张绣立下大功，但是最后也身首异处。萧铣如此嫉贤

---

① 楚汉之争中，刘邦手下的将领韩信、彭越立下大功，西汉建国后两人都被封王。但是两人皆因功高震主未得善终。

妒能，屠戮功臣，引得手下人人寒心，政权内部已经开始分崩离析。此外，萧铣罢兵屯田的政策也极大地削弱了自己政权的军事力量。这一切都为唐军的进攻创造了良机。

武德四年（621年）九月，李渊正式下诏讨伐萧铣：以李靖为行军总管，兼李孝恭帐下行军长史，将李孝恭部的军政大事悉数交予李靖，命李靖自夔州（今重庆奉节）沿长江顺流东下；以庐江王李瑗为荆郢道行军元帅，出襄州道（今湖北襄阳）沿汉水而下；黔州刺史田世康由辰州道（今湖南沅陵）进攻；黄州总管周法明由夏口道（今湖北武汉）进攻。这四路兵马，分别从西、北、南、东四个方向对萧铣发起围攻。

隋唐时期总管和元帅是有很大区别的。总管是战时的常设官职，负责统领某一方面的军务。而元帅不是常设官职，只在有重大作战任务时才临时任命一人为元帅，统率数路兵马，权力极大，因此担任元帅的人很少，杨广和李世民都曾经担任过元帅。由此可见，在此次讨伐萧铣的部署中，庐江王李瑗担任行军元帅，职务最高，是四路兵马的总指挥。

除此之外，在李渊的作战部署中，还有一点很值得注意。李渊任命李靖为李孝恭的行军长史，担任李孝恭的副手，负责具体的作战指挥。有人据此认为，李渊此时已经真正把李靖视为心腹了，但是事实情况恐怕并非如此。如果李渊真的把李靖当作心腹，当成可堪大用的栋梁，那么应该让李靖去担任李瑗的行军长史，毕竟李瑗才是四路兵马的最高统帅，是这次作战下达最高军令之人，甚至可以说是决定这次战役胜负的关键之人。加上李靖之前在金州曾经帮助李瑗作战，二人已相互熟悉。但是李渊并未如此安排，所以我们并不能因为李渊的这一任命，就觉得李靖此时已经真的就成了李渊的心腹。

不仅仅是对李靖的任命，李渊关于行军元帅的任命也很值得商榷。李瑗和李孝恭两人，都是李渊的侄子，李瑗年纪比李孝恭大五岁，但若是论功劳，李瑗远远不如李孝恭。李孝恭招抚川蜀三十多个州，是立有大功的，而李瑗在史书上并没有留下什么浓墨重彩的记载。但是在这次的行军安排上，李瑗反倒是在李孝恭之上，李渊的这个安排着实让人弄不明白。

此外，李渊选择的这个讨伐时机着实不合适。因为这个时候正是雨季，长江水量最大，水势汹涌，并不利于船舶航行，更不利于陆地行军。李渊为什么做出这种安排，可以有两种解释：第一，李渊看到萧铣政权内部生乱，认为这是难得的讨伐良机，所以不等气候改变就下令进军。可是从后来唐军的行动看，李渊并没有下达即刻攻灭萧铣政权的死命令，对战机表现得并不是万分重视。所以，可以推断大概率是第二种解释，那就是李渊并不懂水战，或者不了解气候对此战的具体影响。不过也不能对李渊过于苛责，毕竟不能强求一个常年生活在西北内陆的人对南方的大江大河有多么熟悉。

当李渊的命令传到军中的时候，李孝恭手下的众将领都认为现在进军不合适，不如等水位下降、降雨变少了再出击，但是唯独李靖反对。李靖说："现在确实不适合水军作战，但是我们这么认为，敌人肯定也这么认为。现在萧铣肯定疏于防范，我们不如借着雨季水流湍急,顺流而下,迅速抵达荆州,攻其不备,一定可以获胜!"

对于李靖的建议,李孝恭深表赞同。相较于李孝恭和李靖这方的主动,职务最高的李瑗反倒是没什么动静。身为荆郢道行军元帅的李瑗应该是此次进军的最高指挥官,但是在整个战役中却表现平平,没有什么出彩的表现,也没有率先采取行动。唯一合理的解释就是,在江陵的萧铣已经是瓮中之鳖,按照朝廷的安排,捉住这只"鳖"只是迟早的事情,没人会和他抢这个功劳。因此,不妨安心等待,等到各路唐军都就位之后,分进合击,一举攻克江陵,胜利就可以轻松到手了。但是,李瑗实在是低估了李孝恭和李靖的主观能动性。

李孝恭这边计划既定,便和李靖率领战舰两千余艘顺流而下,迅速攻克荆门、宜都,进逼夷陵。唐军的行动大大出乎萧铣的预料,他立即命令将军文士弘率领数万精兵屯驻清江(今湖北宜昌)阻击唐军。李孝恭见连战连捷,便想乘胜进军,进攻清江。这时李靖连忙劝阻说:"文士弘是萧铣手下最勇猛的将领,所率领的士兵也都是精锐之师。敌人是来救援的,有背水一战的气魄,兵锋甚锐,正想与我军决战,当前应当安营扎寨,避其锋芒,以时间来损耗他们的锐气,时间一长他们必然士气衰退,到时候进攻一定可以获胜。"

李孝恭认为李靖的建议实为优柔寡断,他命令李靖率军守卫营地,自己亲自率军出击。果不其然,在与文士弘的交战中,李孝恭一败涂地,被文士弘杀得丢盔弃甲的唐军扔下了大量的辎重物资。文士弘的士兵纷纷跑去抢夺财物，个个满载而归。

李靖看见文士弘的士兵因为争抢物资而阵形混乱，且士兵们因为携带着大量战利品而步履蹒跚，他意识到，机会来了。他迅速做调整，命令部队再次全线出击！文士弘完全没有想到刚刚大败的唐军还有能力发起反击，他手下的士兵也乱作一团，纷纷扔下财物望风而逃。李靖率军猛打猛追，缴获战舰四百余艘，歼敌近万人。

文士弘的败报传来，萧铣彻底慌了。此时萧铣罢兵屯田的政策开始显现出了巨大的弊端，关键时刻萧铣手下能用的士兵只剩下日常担任宫廷守卫的几千人，拿这点人马去抵御唐军，无异于以卵击石。虽然萧铣已经下令调遣四方之兵立即前往荆州勤王，但是其他各部鞭长莫及，短时间内根本无法完成集结，营救荆州，萧铣也只能干着急而毫无办法。

在清江一战大获全胜之后，李孝恭更加钦佩李靖。他和李靖率军乘胜而下，先后突破敌军杨君茂、郑文秀等部的阻拦，俘敌四千余人，进逼江陵城下。李靖下令在江陵城四周修筑防御工事，将整个江陵城团团包围，随后李靖下令进攻，仅用几天时间就攻克江陵水城，俘虏敌军战船数千艘。

虽然连战连胜，李孝恭却忧虑起来。江陵城防坚固，绝非短时间内所能攻克的，而萧铣的援军正从四面八方赶来，数量众多，若是他们里应外合，那么唐军势必腹背受敌，到时候局势就危险了。

带着深深的忧虑，李孝恭询问李靖："如今虽兵临城下，但已难再进分毫，长史可有良策使我军免受腹背受敌之扰？"

听完李孝恭的话，李靖说："王爷莫慌，此事我已思虑多日，今有一策说与王爷，可保此战获胜。"

李孝恭欣喜，忙问："长史有何良策？"

李靖答道："方法很简单，让此次我们缴获的几千条船顺江而下，全都丢弃。"

李靖的话一出，包括李孝恭在内的所有人都震惊了！反对之声立刻不断传来：

"你知道我们缴获这么多船有多不容易吗？"

"你知道这些船可以换作多少军功吗？"

"这些船顺流而下扔了，等于全部送给敌人，等于资敌，后患无穷啊！"

"现在把船扔了，以后再需要船可怎么办？"

等所有人都说完了，李靖才缓缓说道："你们啊，只知其一不知其二！萧铣所拥地域广大，军队有数十万之众，而我军其他三路都还没有出动。我们现在是孤军深入，如果强行攻城不克，被困于坚城之下，到时候敌人的援军从四面八方赶来，我军必腹背受敌，则必败无疑。那时候我们就算是有再多的船，又有什么用呢？我之所以要把船扔了，就是要让这些船顺江而下，漂到敌人援军的面前。敌人看到有这么多船漂下来，肯定会觉得我军已经大获全胜，江陵城十有八九已经被我军攻破了。敌人看到这等形势，必然不敢轻易前进。等到他们打探清楚情况，必已半月有余，我们也就有了足够的时间攻城。"

李靖的话把所有人都说得哑口无言。这些身经百战的将士们仔细一想觉得李靖确实说得有道理，可是把几千条船扔了确实太可惜，谁都下不了这个决心。就在议论纷纷之际，李孝恭神情肃穆地说道："众将士莫再有异论，全听长史安排，弃船！再有异议者，依违抗军令处置！"此前在清江，他因为没听李靖的话导致大败而归，这一战让李孝恭对李靖彻底敬服。虽然他也觉得把船扔了可惜，但是他选择相信李靖。

李靖听到李孝恭对自己如此信任，便对其拜谢。李孝恭将他扶起，毕恭毕敬地说："将军，前番我未听你言，招致大败。此次如若成功吓退萧铣援军，全赖将军良策，如未能成事，后果由孝恭一人承担，将军莫要多礼，只管前去安排弃船之事！"

李靖得到军令，再三谢过李孝恭，便开始指挥军士们，将缴获的战船顺流而弃。于是在下游来救援萧铣的各路援军看到了让他们终生难忘的一幕：数千艘战船密密麻麻地顺江而下，几乎遮盖住了整个江面，有大有小，在船上还可以清晰地看见战火的痕迹。看到这个场景，所有人心里都认定：唐军肯定已经大获全胜，攻克了江陵城，否则数量如此庞大的战船怎会出现于此呢？于是各路援军都开始停滞，谁都不想继续前进了，因为第一个与唐军交战的肯定凶多吉少，损失惨重。

萧铣被困江陵，日夜盼着援军，可是援军迟迟不来，万般无奈之下，萧铣问他的属下官员岑文本："局势如此，为之奈何？"

岑文本思虑再三，无奈地对萧铣说道："陛下还是出城投降吧，可保江陵百姓不至灭绝啊！"

其实萧铣早就已经知道,眼下除了投降别无他路,但就是下不了这个决心,看到岑文本也这么说,萧铣叹了口气,无奈地说道:"眼下也只能如此了!传令,召集众文武议事。"

朝堂之上,面对着台下的大臣,萧铣说道:"大梁到今天这个地步,都是天意,看来注定我大梁无法复兴了。今天我若是坚守江陵,那么遭殃的只能是老百姓,我怎么能为我一人的荣辱而让无数生灵涂炭呢?"萧铣又去太庙祭祀列祖列宗,将自己的决定告知祖宗,随后下令打开城门,投降了唐军。

在出城投降之前,萧铣脱下了皇帝的衣服,换上了一身布衣素服,而后来到李孝恭的军营,对李孝恭说:"今日之事,应该死的只有我萧铣一人,城内的百姓没有罪,还望将军不要对百姓妄加杀戮。"说完,萧铣对李孝恭俯身长揖。李孝恭命令手下,把萧铣押赴长安听候处置。

平萧铣一役,是李靖第一次参与指挥的大规模会战,此战连战连胜,干净利落。李靖的作战指导思想中,最重要的就是随机应变。在战役中,李靖趁着敌人麻痹大意、防御松懈时,突然发起进攻;利用文士弘的士兵争抢物资而混乱之际突然发动反击;利用缴获的战船给敌人错误的信号以诱导,巧设疑兵之计。这些做法都是根据战场实际情况而随机应变的表现,这是读一辈子兵法也学不来的。《孙子兵法》有言:"兵因敌而制胜""兵无常势,水无常形,能因敌变化而取胜者,谓之神"。李靖用兵,不拘泥于兵法,深合兵法之精髓。

萧铣虽然投降了,可是这并没有为自己保住一条命。到了长安后,李渊斥责萧铣有罪,萧铣回答说:"隋失其鹿,英雄竞逐,我得不到上天的护佑,这才被陛下擒获。正如田横南面称王,难道对不起汉朝吗?如果这算是罪的话,那么我无话可说。"

萧铣的话,可以说是不卑不亢,保全了自己身为君主的尊严。当今天下大乱,群雄逐鹿,成王败寇,哪有什么对错之分?若是我有罪,你李渊本是隋朝的大臣、皇帝的亲戚,却举兵造反,自立为帝,你有没有罪呢?我不过是想恢复祖宗的江山社稷,这是人之常情。换了你,也会这么做,所以我没罪,更没有什么对不起唐朝的地方。

听到这话,李渊是真的愤怒了,下令把萧铣推出去,斩首示众。

## 第四节　安抚岭南

萧铣投降后,李靖率军进入江陵城。入城之前,李靖整肃军纪,下令任何人不得私自掠夺,否则以军法从事,决不轻饶。唐军入城后果然秋毫无犯,这极大地安定了江陵人心。

不过依然有些贪图财物的人建议李孝恭大掠江陵城,萧铣的旧臣岑文本立即对李孝恭说:"这里的老百姓历经战乱,受了无数的苦,都在盼着能够有一位好的君主。现在萧氏君臣、江陵父老之所以愿意投降,都是因为他们希望百姓们能有安定日子过。

如果今天要纵兵抢掠，那么恐怕不仅是荆州，从这往南，就没有地方愿意归顺唐军了，望您三思。"李孝恭听后觉得很有道理，就驳斥了那些想要抢掠百姓的人，继续实行李靖的军法。

这时又有人对李孝恭说，既然不能抢百姓，那么萧铣属下的很多将军和士兵对我军殊死顽抗，罪大恶极，应该将这些人处死以立威，并把他们的家产全部没收，用来赏赐将士。李孝恭犹豫之时，李靖再次站出来明确表示反对，他说："王者之师，应抚慰人民，讨伐罪恶。百姓之所以抵抗，是因为受到逼迫，这并不是他们的本意。狗况且会对不是自己主人的人吠叫，那些为萧铣战死的人，都是各为其主，不能与叛逆者同等看待，这就是蒯通①被汉高祖免除死罪的原因。现在我军刚刚平定荆州、江陵，应当采取宽大的政策来抚慰远近的民心。今天他们归顺了我们，我们反而还要没收他们的家产，这不是王者之道。只怕从此以后其他城池的敌军都会拼死抵抗，坚守不降，这绝非上策。"

李孝恭对李靖愈发敬佩，他听取了李靖的建议，下令不论公私财物，任何人不许掠夺。唐军入城之后，江陵城中百姓生活安定，社会秩序井然。而萧铣政权的残部听说了唐军的政策后，全部都望风而降。在萧铣投降后，先后有十几万援军赶来，这些援军也全部卸甲而降。至此，江汉地区基本平定。

---

① 蒯通曾为韩信谋士，曾经劝韩信自立为王，与刘邦、项羽三分天下。韩信死后，刘邦捉住蒯通，蒯通说："狗总是要对自己主人以外的人狂吠。那时候，我只知道有齐王韩信，并不知道有您。秦失其鹿，天下共逐之，有才能的人先得。天下纷乱，人们都争先恐后地要去做您所做的事，只是能力不够，您能把他们都杀尽吗？"刘邦于是赦免了他。

多年以后，李世民曾经问起李靖此事。李世民问李靖："你在占领萧铣首都江陵之后，所有的将领都要求把萧铣属下大臣的家产查抄，然后用来赏赐士兵，但是你却坚决不同意，随后萧铣政权的其他城池都望风归附。由此朕想到一句话：'文能附众，武能威敌'，说的就是你这样的人吧。"

对此李靖回答："昔日汉光武帝平定赤眉军，直接骑马就进了赤眉军的军营，丝毫不担心赤眉军会威胁自己的安全。见此情景，赤眉军士兵都认为'萧王（指光武帝刘秀）真的是推赤心于人腹啊！'之所以光武帝不怕危险，不是因为他鲁莽欠考虑，而是因为光武帝料到赤眉军并非主动作恶。臣征讨突厥，率领的军队番汉都有，出塞千里，没有发生任何混乱，臣也没有为了维持军纪而杀掉任何一人，就是因为臣对他们待以赤诚之心。"

李靖之所以后来能成为出将入相的国家栋梁，与其性格宽厚、虑事周全的作风是分不开的。在平定萧铣政权之后，没收萧铣政权官员的财产犒赏三军，这是当时比较常见的做法，对于军心士气的提升是很有用的。但是李靖考虑到江陵地区的长久安定，对这种做法毅然表示拒绝。此后李靖之所以能招抚岭南、平定江南，与他的这一作风是分不开的。

听说萧铣政权基本平定，李渊大喜过望，立刻下诏封赏，任命李孝恭为荆州大总管，统辖荆州地区的军政事务；封李靖为上柱国，赐永康县公，又赏布匹两千五百段。

在西魏建国初期，因为宇文泰有建国大功，所以西魏皇帝便任命宇文泰为柱国大将军，作为全国最高武官。在此后的时间里，西魏又先后有七个人被授予柱国大将军的官位，分别是元欣、李虎（李渊的祖父）、李弼（李密的曾祖父）、赵贵、于谨、独孤信（杨坚的岳父、李渊的外祖父）、侯莫陈崇，这八个人合称"八柱国"。

到了隋唐时期，柱国逐渐由实职变为勋官。所谓勋官，简单来说就是官员所获得的荣誉称号。在唐朝初年，勋官共有十二个等级，其中上柱国是最高等级。勋官与爵位的最大区别在于爵位可以世袭，但是勋官不能世袭。

这样就能明白李靖此战获得的是什么样的封赏了。此役中李靖毫无疑问立下了定策头功，李靖获得的是第一等勋官，与其祖父同样的县公爵位，以及两千五百段布匹。随后，李渊任命李靖为检校荆州刺史，命他招抚岭南诸州。所谓检校，意思就是没有正式授予官职，但是可以行使该官职的权力。

李靖接下来的任务是招抚岭南。岭南，指的是五岭以南的地区，包括现在的广东、广西、海南和越南北部。如今广东经济发达，广西风景秀丽，海南热带风情，都是好地方，可是在唐朝，岭南地区可是绝对的穷山恶水之地。在当时人们的印象里，岭南地区气候湿热，疾病肆虐，野兽横行，山路崎岖，除了少数地区有所开发、有人居住外，大部分地区仍然遍布原始森林，在当时只有被贬谪或流放的人才会去岭南。李靖是一个常年生活在西北地区的五十岁老人，前去此地安抚对于他来讲绝对不是个好差事。

不过圣命难违，李靖还是毅然踏上了征途。李靖首先由荆州沿长江而下，随后经洞庭湖溯湘江而上，到达今湖南长沙。今湖南长沙有一个镇子叫靖港，便是因李靖曾经在此驻军而得名。《读史方舆纪要》记载："靖港，在（长沙）府西北五十里，已流通湘江。《志》云'李靖平萧铣，安抚湖南时驻兵此处'。"董景珍的弟弟据长沙造反刚结束不久，长沙一带依然一片混乱，李靖首先来到这里平定混乱局面。

随后李靖继续溯湘江而上，到达今湖南醴陵。《读史方舆纪要》记载："西山（今醴陵市），在县西五里，相传李靖驻兵于此，石壁遗像犹存。"由醴陵继续沿江而上，就到了五岭地区，然后经由沟通湘江和漓江的灵渠进入漓江，这也就正式进入了今广西地区，李靖也由此正式开始了自己的招抚任务。

李靖首先到达桂州（今广西桂林），在这里他遇到了李袭志。李袭志的经历和李靖十分相似，他的祖父和父亲曾经是北周和隋朝的官员，被封为安康郡公。李袭志入仕后，来到桂州任职，和李靖一样都任郡丞。天下大乱后，李袭志散尽家财，招募了三千士兵守卫桂州，萧铣多次派兵进攻桂州，都被李袭志击退。但是毕竟城小兵弱，李袭志在艰苦抵御了两年之后，由于内缺粮食、外无援军，最终桂州被萧铣的军队攻陷。李袭志被俘虏之后，萧铣并没有杀他，反而是任命他为工部尚书、检校桂州总管，继续在此留任。

李袭志屈服于萧铣纯属迫不得已，对于萧铣自然也就没有任何忠诚可言。当李靖率军到达桂州城下之后，李袭志立即开城投降，李渊很快就正式任命李袭志为桂州总管。

随后，李靖又收降了宁越郡（今广西钦州）太守宁长真。宁长真是一位传奇人物。他是宁越郡本地人，隋朝时承袭父亲的职务，继任钦州刺史。宁长真先是率军跟随隋炀帝征讨林邑国（今越南南部顺化地区），还曾经不远万里，率领数千士兵帮助隋炀帝远征高句丽，因此被隋炀帝任命为宁越郡太守。宁长真作为地方豪强势力，见唐朝势力如此强大，又听说李靖优待降者的事迹，同样立刻投降李靖。

随后，李靖又安抚招降了地方首领李光度、合浦（今广西合浦）太守宁宣、日南（今越南平治）太守李畯等。

到武德五年（622年）四月，广西地区基本平定。

接下来，李靖的目标就是翻越大山进入今广东地区，在这里他遇到了隋朝官员冯盎。冯盎也属于地方豪强势力，因为多次帮助隋朝平定边族叛乱而受到重用，被任命为汉阳太守。后来，冯盎跟随隋炀帝征伐高句丽，被提升为左武卫大将军（正三品）。天下大乱后，冯盎回到老家，招兵买马，自任首领，割据一方。李靖率军抵达后，冯盎也率部投降，李渊封冯盎为上柱国、高州总管、吴国公。冯盎有一个孙子后来入宫当了宦官，就是唐玄宗时期的著名宦官高力士。

冯盎投降后，割据广州的邓文进也投降李靖。至此，广东地区也基本平定。

剩下的还有占据一方土地的交趾（今越南河内）太守丘和。丘和生于552年，比李靖还大一辈，先后在北周和隋朝任职。隋文帝时期，丘和担任右武卫将军，封爵平城郡公。丘和为人宽厚，在当地享有很高声誉。隋炀帝时期，交趾地区叛乱不断，隋炀帝便任命丘和担任交趾太守。丘和到任之后，抚慰民众，深得人心，交趾由此才得以安定。丘和的儿子丘行恭曾经在虎牢关大战中救了李世民一命，丘和也明白大势所趋的道理，因此李靖一来，丘和立即献城归降。

于武德四年（621年）年底出发，经过大半年的跋山涉水，李靖平定整个岭南地区，共招抚九十六个州，人口共计六十多万户。李靖招抚岭南的这段历史，历来记载都非常简单，可是实际上招抚岭南这项工作远远没有这么轻松。岭南地区远离中原，地形复杂，边族众多，所以在历史上一直叛服不定，经常出现割据势力。中央政权对此鞭长莫及，很难向岭南调集大军，即使调集大军，也难以长期驻守，所以对岭南更多是采取羁縻政策，只要求当地豪强势力对中央政权称臣纳贡，很难实现有效的治理。中央向岭南地区派遣的官员，经常会因为文化、利益、政策等原因，与当地民众发生矛盾，进而激发叛乱。

这种矛盾李靖也不可避免地会面对。通过对李靖招抚岭南过程的记述也可以看出，李靖招抚的大多都是当地的豪强势力。李靖对他们采取了什么样的政策现在不得而知，但是肯定是很好地满足了他们的利益需求。因为若是豪强势力的利益没有得到的满足，李靖这样一个外来者是绝对不可能这么轻松就让他们归顺的。

但是李靖并没有为了求得地方豪强的归顺而对他们毕恭毕敬。因为后来李靖去平定江南的时候，曾经征发了岭南地区的大量兵员参战。征兵从来不是一件容易的事情。想在一个地方征兵，首先要对该地的户籍有个基本了解，其次要掌握财政，因为需要大量军费，此外后勤运输的组织也是一个大问题。所以想要征兵，就必须对这个地区实现有效的治理。李靖能够在岭南征兵，就证明了他对于岭南地区的治理是成功的。

只可惜历史上没有留下李靖如何治理岭南的记载，否则可以为后世的社会治理提供借鉴。我们现在提起李靖，第一印象就是李靖是优秀的军事将领，但是实际上李靖不仅善于治军，治民的能力也是非常强的，是真正的文武全才。

李靖治理岭南的时间虽然不长，但是对岭南产生了非常深远的影响。根据两广一带许多地方志的记载，李靖在当地建设了数十座城，尤其是疏通了湘江流域、漓江流域以及珠江水系的交通，为后世岭南地区的开发打下了坚实的基础。因此广东、广西等地对李靖的祭祀在此后的一千多年里一直延绵不绝。

# 第三章 南征北战

## 第一节 江南烽烟

622年,李靖完成了招抚岭南的任务,给岭南地区的老百姓带来了安定的生活。在招抚岭南的过程中,他再一次展现了过人的政治和军事才华,但是前方又有一场大战在等着他,这场大战即将在江南地区打响。

天下大乱之时,江南地区也不可能幸免。隋朝末年,统治江南地区的是杜伏威和辅公祏。杜伏威,生于584年,齐州章丘县(今山东济南章丘)人。史书记载,杜伏威"少落拓,不治产业",落拓就是潦倒失意。这话说得好听,而实际情况是杜伏威曾穷困到食不果腹的境地。他与辅公祏是生死之交,辅公祏的姑姑家以牧羊为生,所以他怂恿辅公祏多次偷羊来送给自己。但是纸包不住火,这事最终还是被辅公祏的姑姑知道了,姑姑就向官府告发。面对官府的追捕,杜伏威和辅公祏干脆就落草为寇,这一年杜伏威才16岁。

杜伏威虽然年轻,但是却有着不一样的气质,打家劫舍或与官府作战时,他总是冲锋在前,撤退的时候也总是亲自断后。杜伏威的作风让众人非常敬佩,大家就推举他为首领。大业九年(613年),杜伏威率众转战至江南,先后兼并了多支起义军,实力不断发展壮大。

隋炀帝死后,杜伏威将部队转移到丹阳(今江苏南京),在这里他选用贤才,修整器械,轻徭薄赋,严惩盗贼和贪污,因此获得百姓的支持,境内安定,逐渐有了一块比较稳定的根据地。杜伏威有勇有谋,既善于作战,又善于治军,并且还能治民,这在乱世之中是十分难得的。

武德四年(621年),杜伏威先后攻陷杭州、歙州,完全掌握了江东和淮南地区,实力达到极盛。但是当杜伏威回过头来看中原局势的时候,他却发现,时代已经变了,原来割据一方的风云人物,例如李密、窦建德、王世充等人,都已经成为历史的过往,唐朝一统天下已经成为定局。当时比较大的割据势力,就只剩下杜伏威了。

在这种情况下,杜伏威就面临着极为现实的选择。如果他还想割据一方,那么他与大唐朝廷之间兵戎相见将不可避免,而结局也是完全可以预料的——必输无疑。既然这条路走不通,剩下的路就只有一条,那就是放弃割据,彻底归降唐朝。于是622年杜伏威请求入朝。杜伏威的主动归顺让李渊很是满意,李渊加封杜伏威为太子太保，位在齐王李元吉之上，也就是说当时杜伏威的排位仅次于李渊、李建成、李世民三人，为大唐第四号人物。

而杜伏威入朝的时候，留下辅公祏留守江南。辅公祏自年轻时与杜伏威落草为寇，两人一起同甘苦共患难，情谊深厚，因此辅公祏一直是杜伏威集团的二号人物，杜伏威一直把辅公祏当兄长看待。常言道，共苦容易同难，随着势力的增大，杜伏威对辅公祏逐渐心生猜忌，于是任命阚稜为左将军，王雄诞为右将军，将辅公祏明升暗降，升为仆射，实际上是解除他的兵权。辅公祏知道后，内心很不高兴。

杜伏威入朝时，任命王雄诞做辅公祏的副手，掌握军队。杜伏威预料到辅公祏有可能不安分，于是私下对王雄诞说："我此去长安，切要提防辅公祏图谋不轨。"杜伏威走后，辅公祏果然有了造反的想法，但是因为王雄诞掌握兵权，所以辅公祏始终没有机会。于是他假称收到杜伏威的来信，说杜伏威怀疑王雄诞有二心，王雄诞便称病不理军务，辅公祏趁机夺取了王雄诞的兵权。

随后，辅公祏派人告诉王雄诞自己准备反叛。王雄诞这才醒悟过来后悔不已，说道："如今天下刚刚平定，吴王在京师长安，而大唐军队所向无敌，怎么可以自寻死路呢？我王雄诞怨难从命，唯有一死。现在跟着倒行逆施，也不过是延长一百天的性命而已，大丈夫怎能因为舍不得片刻之死而陷自己于不义呢？"辅公祏知道不能说服王雄诞，便把他杀死。

杀死王雄诞后，辅公祏假称杜伏威无法返回江南，送来书信命他起兵，于是他大肆制造武器，储备粮草。623年八月，辅公祏在丹阳称帝，国号宋。

就这样，江南又乱了，李渊不得不派兵平叛，江南烽烟再起。

得知辅公祏造反之后，最震惊的并不是李渊，而是身在长安的杜伏威。他在离开江南的时候，最担心的就是辅公祏会叛变，结果越怕什么越来什么，辅公祏果然造反了。杜伏威急忙跑去向李渊请罪，表示自己疏忽大意、统领无方，最终让辅公祏惹出这么大的乱子来。杜伏威一再表示，自己愿意指天立誓，他对大唐的忠心天地可鉴，绝无二心！李渊对杜伏威好言抚慰，表示自己相信杜伏威的忠心，绝对不会牵连他。

随后，李渊立即调集大军平叛。此时四方皆已平定，李渊几乎是调集了唐军最强大的力量，试图以泰山压顶之势消灭辅公祏，因此此战唐军将星云集。李渊任命襄州道行台仆射李孝恭为主帅，统领诸军，前往平叛。

《旧唐书·李靖传》对此次作战安排的记载是：诏孝恭为元帅、靖为副以讨之，李勣、任瑰、张镇州、黄君汉等七总管并受节度。

此役参战的唐军将领中，既有为唐朝立下赫赫战功的李孝恭、李靖、李勣等人，也有久经沙场的隋军将领，可谓名将云集，将星熠熠。派出如此豪华的阵容，足见李渊平定江南的决心。

各路唐军的主要作战任务是：

襄州道行台仆射李孝恭率领水军由荆州出发，顺江而下进攻江州（今江西九江），越州都督阚稜跟随李孝恭进军。

岭南道大使李靖率领交、广、泉、桂四州之兵，北上进攻宣州（今安徽宣城）。

齐州总管李勣率军由山东南下，向淮河流域进军，进攻寿阳（今安徽寿阳）。

怀州总管黄君汉出亳州（今安徽亳县），至寿阳统归李勣指挥。

舒州总管张镇州进军猷州（今安徽泾县）。

以上五路大军，均于当涂（今安徽当涂）地区会师，然后与辅公祏决战。

另外，徐州总管任瑰进军江都，威胁丹阳，以牵制辅公祏的军队。

前军总管卢祖尚和安州刺史李大亮的进军路线没有在史书上留下明确的记载。

在各路唐军当中，李靖的进军难度是最大的。

首先，李靖距离战场最远。李靖的管辖范围主要是现在的两广地区，需要从广东、广西一带集结出发，率领大军，跨越大半个中国赶往安徽宣城参战，如此漫长的行军对于任何一支军队来说都是巨大的挑战。

其次，李靖的军队最分散。李靖所统领的部队，分别来自交州（今越南河内）、广州（今广东广州）、泉州（今福建福州）、桂州（今广西桂林）四州。这几个地方互相之间距离甚远。李靖在率军北上之前，肯定要先完成军队的内部集结，将四州之军集合起来，这就需要花费大量的时间和精力。

在四州的军队中，桂州的军队可以直接沿珠江而下到达广州，最为方便；交州的军队北上到达广西地区后，也可进入珠江水系而到达广州。最为麻烦的就是泉州的军队,泉州到广州,沿途没有直接的水陆交通,并且需要翻山越岭,路途遥远,即使是现在也是一条不好走的路线。此外李渊诏令下达的时间是八月份,正是酷暑时节,行军就更加困难。古代行军每天三十里,再加上地形、天气等因素,李靖完成兵力集结和物资准备都需要耗费巨大的精力。在这样的条件下,李靖没有抱怨,而是坚定地执行了军令,克服了重重困难,完成了军队的集结,于624年年初率军到达宣州一带,为接下来的大战做好了准备。

## 第二节 决战当涂

面对唐军的大规模进攻,辅公祏并没有采取龟缩防守的战术,反倒是迎难而上,主动出击。

他任命左游仙为兵部尚书、东南道大使、越州总管,驻守今浙江绍兴、宁波地区,作为后援,同时另以一部兵力守卫京口(今江苏镇江);命总管徐绍宗北上进攻海州(今江苏连云港);又命总管陈正通攻寿阳(今安徽寿县)。

辅公祏虽然主动派兵出击,但是他也明白,若是在远离根据地的地方与唐军决战,那是绝无胜算的。所以在徐绍宗和陈正通相继攻克海州和寿阳之后,辅公祏立即命令两路军队回师当涂,以抵御唐军。在徐绍宗和陈正通率领步骑兵到达当涂之后,辅公祏又命令冯惠亮率领水军前去支援当涂。

到624年三月，各路唐军在当涂一带完成集结，这其中就包括跋山涉水前来的岭南道大使李靖。

李孝恭召集诸将，召开军事会议，讨论如何进攻辅公祏严密设防的当涂。此时辅公祏大军云集当涂，以逸待劳，并且当涂易守难攻，强攻必定非常困难。因此会议上有人提出，既然冯惠亮、陈正通都掌握了强大的兵力，当涂在仓促之间难以攻取，那么不如绕过当涂，直指丹阳（今江苏南京），进攻辅公祏的巢穴，丹阳一旦被攻破，冯惠亮等人自然不战而降。

《孙子兵法》有言："用兵之道，攻心为上，攻城为下。心战为上，兵战为下。"进攻坚城，从来都不是第一选择。唐军进攻辅公祏，占据绝对优势，辅公祏重兵驻扎当涂，其他地区必然防守空虚。唐军以一部兵力牵制当涂守军，大部队绕过当涂直抵丹阳城下，势必会在心理上给辅公祏造成巨大的震撼，让其慌乱不堪。届时一鼓作气攻克丹阳，辅公祏的其他城池自然可以传檄而定。因此，从表面上看，这是一个非常完美的建议，既合兵法，又合现实。

这个意见一提出来，立刻得到普遍支持，就连李孝恭听了都是连连点头。但是有一个人却反对："不可！"说话的人正是李靖。

李靖如果不出声，估计其他人都没注意到这个老头的存在。经过多年的历练，此时的李靖沉默寡言，从来不会轻易发表意见，因此在会议上存在感很低。不过此时李靖觉得自己有必要说话了，因为他看到这个方案存在着巨大的隐患，一旦实行，祸福难料。针对直取丹阳的方案，李靖不说则已，一开口就说出了真知灼见:"此计虽看似可行,但是不够周密。恕老朽直言,冯惠亮统领的水军和徐绍宗、陈正通统领的陆军虽然是辅公祏的主力部队,但是辅公祏驻守丹阳的部队也都是精锐之师,丹阳也是一座坚城。冯惠亮等驻守的当涂我军尚且不能攻取,辅公祏如果固守丹阳,亦不能轻易攻取,只会徒费工夫。"

李靖接着说:"如果我军直奔丹阳,久攻不下,那么面前的辅公祏部没有平定,后边的冯惠亮也始终是一大隐患,到时候我们就会腹背受敌,大军危矣。"

李孝恭再次想到了李靖当年平定萧铣时的深谋远虑,便制止了其他质疑的声音,让李靖继续说下去。

"冯惠亮、陈正通都是身经百战的将领,绝不会害怕野战,他们之所以不出战,不是害怕我们,只是因为辅公祏命令他们持重防守,妄图拖延时间使我军疲劳。一旦我军直接进攻丹阳,那么他们肯定会立刻出击,进攻我军侧背,到时,该如何应对?"

听了李靖的意见,李孝恭不仅对他更为钦佩,而且感到背脊发凉,幸而军中有李靖在,不然自己此战必将落败。于是忙问:"以李总管之见,我军应该如何对敌?"李靖的回答很简单,只有四个字:力取当涂!

听到李靖要进攻当涂,众将领直接炸了锅,立刻就有人提出反对。

有人问李靖:"如果久攻不下,顿兵坚城之下,帅老兵疲,那怎么办?"

李靖回答道:"敌军占据当涂,凭坚固守,肯定觉得我军不敢贸然进攻。我军进攻当涂是出其不意,一定可以成功。"

又有人问:"李总管,攻打当涂的过程中,如果辅公祏亲自率军增援,里应外合,那怎么办?"

李靖回答道:"辅公祏虽然布置严密,但当涂要塞易守难攻,辅公祏肯定觉得当涂可以据险坚守很长时间,不会为增援做准备。况且辅公祏水军精锐尽在当涂,即使前来增援,仍需一段时日,不足为惧。"

"即使攻克了当涂,我军必然伤亡巨大,到时候还有力量进攻丹阳吗?"

"当涂重地一旦被攻破,辅公祏其他军队必然闻风丧胆,没人再敢抵抗。到时候我军挟大胜之威,如猛虎下山,不战而胜,还有谁能抵挡?"

回答完了这一连串的问题,李靖按剑厉声道:"能不能剿灭辅公祏,就在当涂一战!"这一番问答,颇有《三国演义》里诸葛亮舌战群儒的味道。李靖说完,再也没人出声了。

像三年前在荆州一样,面对着李靖的反对,决定权再一次到了李孝恭的手里。面对着一双双望向自己的眼睛,李孝恭最终做出了决定:进攻当涂!想必在李孝恭的心里早已经认定,李靖说的一定是对的!

虽然决定先取当涂,但是李孝恭、李靖并没有着急进攻,而是先固守营地,派小部队截断当涂守军的后勤补给线。当涂守军军粮逐渐缺乏,于是辅公祏派兵对唐军营地进行偷袭。唐军虽一时陷入混乱,但随后仍将敌军击退。

李孝恭、李靖却认为这次偷袭已经暴露了对方的焦虑,二人认为出击的时机已到,下令全军进攻。

唐军一共分为两路,第一路由李孝恭、卢祖尚、阚稜率领。李孝恭先派出弱旅进攻当涂,同时又派卢祖尚率领精兵设下埋伏。进攻当涂的唐军果然失败,当涂守军大获全胜,立即追击,结果刚刚走了几里地,就遇到了卢祖尚所率唐军的埋伏。原为杜伏威手下的将领阚稜脱去甲胄,对辅公祏的士兵吼道:"你们不认识我吗?怎么还敢和我交战!"辅公祏的士兵中有很多曾经是阚稜的下属,看到阚稜出现,毫无斗志,要么逃跑,要么投降,唐军大获全胜。

另一路唐军则由李靖、李勣率领,他们的对手是冯惠亮率领的水军精锐。

战前,李勣说:"总管,您在后面指挥就可以了,冲锋陷阵的事情交给我吧。"

李靖并没有看李勣,低声说道:"将军难道是觉得我老了吗?"

"不敢,我只是为总管安全着想。"

"廉颇老矣,尚能食肉十斤,我虽然已经五十有四,但是比起当年的廉颇,可是年轻多了。将军好意老朽心领,不必多言,此战我将亲自率军冲杀!"

于是,李靖傲立船头,看着身后的万里舳舻、旌旗蔽空,大吼出一个字:"杀!"

看到总管李靖冲锋在前,唐军将士士气倍增,杀声震天,霎时间，长江江面上硝烟滚滚，飞矢如雨。冯惠亮的水军根本没有做好应战的准备，慌乱间拿起武器备战。经过半日激战，辅公祏赖以为生的三万水师精锐全部崩溃，被杀伤和溺死者万余人。冯惠亮不得已，只得率军退守梁山。但是李靖根本不给冯惠亮喘息的时间，立即下令全军弃船登陆，猛攻梁山。冯惠亮的士兵还没有在梁山上站稳脚跟，就遭到了唐军的猛攻。很快，东西梁山就被李靖攻破。眼见兵败如山倒，冯惠亮、陈正通等人先后弃军而逃，当涂守军全线崩溃。

能够如此迅速地攻克当涂，李孝恭大喜过望，他急忙找到李靖，商量接下来的进攻方略。李孝恭问："此战我军虽胜，但毕竟是强攻，因此伤亡颇大，要不要休整一番再继续进攻？"

李靖坚定地回答李孝恭："不可，敌军遭此大败，此时士气已经崩溃，军队极度混乱，我们就是要趁这个时机一鼓作气歼灭之，绝不可以给他们喘息的时机，以为后患啊。"听完，李孝恭也不再多言，重重地点了点头。

李靖再次率领轻装部队顺江而下，直抵丹阳城下。其实此举风险是很大的，因为此时丹阳城内辅公祏还有数万军队，而李靖只率领轻装部队南下，实力肯定居于劣势。再加上李靖若是不敌，撤退便需要逆流而上，行进速度肯定不会很快，一旦辅公祏率领大军出城反击，李靖将会面临十分危险的局面。但是李靖并不害怕，因为他认定，辅公祏虽有抵抗之力，但绝无抵抗之心。

事实也果真如此。辅公祏万万没想到当涂要塞竟然这么快就被攻破了，惊慌之下率领数万守军逃离丹阳，试图到会稽会合左游仙，然后从长计议。但是在逃跑过程中，兵无斗志，四散奔逃，等到了句容（今江苏句容）的时候，士兵只剩下了五百人。晚上，辅公祏率众来到常州宿营。辅公祏手下的将领吴骚等人想把他抓起来，送给唐军领赏。辅公祏觉察到吴骚等人的意图，于是丢下妻子儿女，仅仅带领几十名心腹逃走。

当如丧家之犬的辅公祏逃到武康（今浙江德清）时，又受到当地农民的攻击，辅公祏被活捉，然后被送给唐军，李孝恭将其斩首祭旗。

辅公祏兵败身死，自然是意料之中的事情，但是辅公祏的造反却把他的朋友杜伏威害惨了。本来杜伏威在长安安享荣华富贵，但是在辅公祏造反后，杜伏威惶惶不可终日。武德七年（624年）三月，就在唐军正和辅公祏激战的时候，杜伏威在长安暴死，死因不明。人死了，事却没完。战后唐军从一些俘虏的口中得知，辅公祏声称自己是暗中接到了杜伏威的命令才造反。李渊知道后，不分青红皂白，剥夺了杜伏威生前的所有职务和爵位，他的家产被抄没，子女被送入官府为奴婢。

不过仅仅三年之后，杜伏威就被平反了。贞观元年（627年），秦王李世民继位，他知道杜伏威并无谋反之心，当初之事都是辅公祏的谎言，于是为杜伏威平反、恢复名誉，以吴国公之礼下葬。

剿灭辅公祏后，李孝恭和李靖作为最大的功臣，李渊自然也是给予了丰厚的封赏。李渊设立东南道行台，任命李孝恭为东南道行台右仆射，李靖为行台兵部尚书。为了嘉奖两人的军功，李渊还赏赐李孝恭豪华府邸一座，两支舞乐队，奴婢七百人，其他金银财宝不计其数，赏赐李靖物千段，奴婢一百人，良马一百匹。

东南道行台中的"台"，指的是中央的尚书省，这是中央行政机构，出征时于外地设立的临时性机构称为"行台"，又称"行尚书台"或"行台省"。尚书省的长官为尚书令，副长官称仆射，仆射有一人或两人，有两人的话则分别称尚书左仆射和尚书右仆射。两人品级相同，但是在实际政治地位上，尚书左仆射略高于尚书右仆射。

因此，所谓"东南道行台"就是在东南地区设立的临时政府机构，李孝恭任这个机构的副长官，因为东南道行台不设尚书令，所以实际上由李孝恭主管。李靖担任行台兵部尚书，主管东南地区的军务。李孝恭战前就是襄州道行台仆射，现在转任东南道行台右仆射，职务上没什么变化，但若是考虑到江南地区不管是经济上还是政治上，都远比荆襄地区重要，那么李孝恭算是升职。

不过李渊很快就撤销了东南道行台，改任李孝恭为扬州大都督，李靖为扬州大都督府长史。都督府是唐朝设置的地方行政机构，长官称为都督，在重要的地区则设大都督府，长官为大都督。大都督府设长史，负责协助大都督处理府内事务。按照唐朝官员的品级，东南道行台是正三品，而扬州大都督是从二品，因此这次对于李孝恭来讲算是真正意义上的升官，李靖则继续担任李孝恭的副职。由蛮荒的岭南地区，转任富饶的东南地区，对于李靖来讲也算是提升。

在剿灭辅公祏后，李渊再次叹服于李靖的军事才能，他说：

"李靖是萧铣、辅公祏的膏肓,古之名将韩、白、卫、霍,岂能及也!"膏肓,指的就是一个人的死穴。韩、白、卫、霍,指的是中国历史上的四位名将:韩信、白起、卫青、霍去病。李渊这句话的意思就是,李靖可以牢牢制住萧铣、辅公祏的死穴,以前的韩信、白起、卫青、霍去病全都比不上他!

至此,李靖终于名满天下!

这一年,李靖54岁。

在这个岁数才真正建功立业,李靖不禁惆怅。感到遗憾的同时,李靖心中更多的是快慰和满足。莫道桑榆晚,为霞尚满天,这份功业虽然来得迟了些,但较之那些当年与自己交好,奋斗一生,却碌碌无名,甚至英年早逝的人,自己已经是很幸运的了。

李靖早已经到了知天命的年纪。此时的李靖,对于天命是如何理解的呢?或许李靖的理解就是,永远不要信命,更不要认命。

群雄皆灭,大唐已经一统天下,华夏大地终于迎来了久违的太平。

李靖终于可以放下战刀,脱掉铠甲,全身心投入到社会治理的工作中。江南地区久经战火,民生凋敝,老百姓生活非常困难。李靖在此整顿吏治,轻徭薄赋,与民休养生息。在李靖的用心治理之下,江南百姓生活逐渐安定,社会开始恢复发展。

通过对这几次战争过程的讲述,我们屡次发现,在多数人已经形成意见的时候,李靖总是会站出来勇敢地说出自己的想法,即便他的想法是那么与众不同。这种品质是很难得的。李靖的做法,风险是很大的,因为如果李靖的判断有问题而作战失败,那么李靖将会作为主要责任人被严惩。可是为了大局，为了国家，李靖依然勇敢地说出自己的意见。

不过好在李靖有一位极其信任自己、慧眼识人的上级，那就是李孝恭。

在灭萧铣和辅公祐这两战中，李靖的选择和做法帮助唐军赢下了战争，李孝恭对李靖言听计从。而且在灭萧铣的过程中，李孝恭还因不听李靖之言而落败，我们很容易认为李孝恭是个挂名统帅，只是因为手下有李靖这样得力的人，所以才能屡战屡胜。

所谓在其位，谋其职，李孝恭作为一军之统帅，能对李靖从谏如流，而不是固执己见，便是他极大的优点。李孝恭从善如流，从不对李靖进行打压，他给予了这个帮助过他的人充分的信任，对李靖的想法全力支持，两人通力合作，这才有了辉煌的胜利。李孝恭的这种容人之量，是非常难得的。

毫无疑问，能够遇见李靖，李孝恭是幸运的，如果没有李靖，李孝恭就无法获得巨大的军功。但是能够遇到李孝恭，李靖也是幸运的。因为李靖在李渊眼里始终是一个罪人，李渊注定不会让他担任统帅，独当一面，既然注定要当下属，那能够碰到什么样的统帅就非常重要。李靖很幸运，他遇到的是李孝恭。

李孝恭和李靖，相得益彰，珠联璧合，缺一不可。

从大业末年开始，天下大乱，群雄并起，秦王李世民带兵纵横天下，所向披靡，其麾下也是猛将谋臣云集。在当时唯一可以与李世民之功相提并论的，就是李孝恭。李孝恭抚定巴蜀，剿灭萧铣，平定江南，如果说唐朝的北境是李世民打下来的，那么南境便是李孝恭打下来的。所以在当时李孝恭也是威名极盛，誉满天下。

享有这样的荣耀，李孝恭开始自傲起来。为了显示自己的威名，李孝恭修筑宅第于石头城中，还设立哨所往来巡查以护卫自己。于是很快就有人诬告李孝恭谋反，李渊将他召回长安，然后命令相关部门审问。虽然李孝恭被宣告无罪，但是也不能再回江南了。李渊撤销了他扬州大都督的职务，任命其为宗正卿。所谓宗正卿，主要管理皇族内部事务，包括皇族家谱、陵墓、宗庙等等，这是一个没什么权力的闲散差事。由从二品的扬州大都督，到正三品的宗正卿，看起来品级变化不大，可是实际权力却大为缩小。经过这次打击，李孝恭告别了军队，也走下了政治舞台。

武德八年（625年），就在李孝恭被召回长安的同一年，李靖也离开了扬州。因为此时，北境最大的敌人——突厥，对唐朝北方国防的威胁越来越大，所以李渊调李靖担任行军总管，率领江淮军一万人北上，抵御突厥。

此时，在北方等待着李靖的，是突厥人的骏马弯刀，是大漠的长河落日，是长城的雄关漫道。但是最重要的是，李靖迎来了新的机会，他将在这里，一战封神！

而接替李靖担任扬州大都督府长史的人，名叫武士彟。武士彟有一个女儿，此时刚满周岁，她就是后来中国历史上唯一的女皇帝——武则天。

## 第三节 北境柱石

我国长城以北历来是游牧民族的活动区域，从秦汉时期的匈奴，到两晋南北朝时期的鲜卑，隋唐时期的突厥，以及之后的契丹、女真、蒙古，各游牧民族与中原王朝的冲突时有发生。在李靖生活的隋唐时期，北方的最大威胁是突厥。

突厥，是历史上活跃于蒙古高原和中亚地区的民族集团统称，发源地在今新疆准噶尔盆地，这一地区自古以来就盛产铜、铁、煤炭，到南北朝时期，当地冶炼业已非常发达。到五世纪中叶，另一支游牧民族柔然征服了突厥，把突厥人赶到金山（今阿尔泰山）地区，因为突厥人善于冶铁，所以他们成为为柔然人冶铁的奴隶，柔然人蔑称他们为"锻奴"。五世纪后期，柔然逐渐衰落，突厥人开始试图摆脱柔然的奴役。到六世纪，突厥部落出现了一位英雄人物——阿史那土门，他率部打败且合并了周边的民族五万余帐，又击败了柔然，建立突厥汗国，自称伊利可汗。突厥实力日渐强盛，其领土东到辽河，西到里海，南到长城，北到贝加尔湖，控弦（即骑兵部队）数十万，仍在不断寻求扩张。

杨坚建立隋朝后，不愿意再继续执行前朝厚赂突厥以换安稳的政策，大量减少送给突厥的财物，对突厥可汗的礼数也变得十分简单。同时，嫁给沙钵略可汗的北周千金公主因为北周被杨坚灭亡，不停地怂恿沙钵略可汗为北周复仇。于是，开皇二年（582年），沙钵略可汗调集四十万大军，大举进攻隋朝。隋文帝听从长孙晟的建议,采取"远交近攻,离强合弱"的策略,在战争中逐渐瓦解、分化了突厥部族。

开皇三年(583年),突厥分裂为东突厥和西突厥。

大业末年,天下大乱,群雄割据,各路势力为了争取东突厥的援助,纷纷与东突厥联络,甚至向东突厥称臣,这其中就包括李渊。李渊在太原起兵时,为了能获得东突厥的帮助,派遣使者,卑辞厚礼,希望东突厥发兵,并且与东突厥始毕可汗约定:"若入长安,民众土地入唐公,金玉缯帛归东突厥。"始毕可汗非常高兴,答应发兵相助,支援李渊。

618年,李渊正式称帝,建立唐朝,为了感谢东突厥,李渊前后送给东突厥的金银宝物不计其数。每当有东突厥使者到长安,李渊都要用最隆重的礼节来迎接,即便使者在长安为非作歹,李渊也从不追究。毕可汗去世后,李渊专门废朝三日,以示哀悼,使者去东突厥吊唁的时候,布帛就带了三万段。

不过即便李渊如此放低姿态,依然换不来边境的安定。620年,颉利可汗继位,他野心勃勃,而此时的东突厥兵强马壮,已经具备了和唐朝较量的实力。从621年至626年,颉利可汗几乎每年都要对唐朝发动进攻,唐朝先后有三十多个州受到攻击,一些重要的边境州郡在这短短几年中接连受到四五次袭扰,几乎无岁不战。东突厥入侵的兵力,少则几万,多则十几万,他们掠夺人口,抢劫财物,人民深受其苦。李渊对此再也不能坐视不管,终于决心出兵抵御。

就在这样的背景之下,李靖来到了北部边境。

武德八年（625年），李靖离开江南，率领一万名江淮军士兵抵达太原，就任行军总管。按照唐代的一般习惯，行军总管前面会加上一个地名作为前缀，如并州道行军总管，但是《旧唐书》和《新唐书》中只记载李靖就任行军总管，有可能是因为这只是一个临时职务，因为很快李靖就被改任为检校安州大都督。

李靖去太原担负边境防务，主要是因为太原既是李唐皇室的龙兴之地，又是北部的国防重镇，极为重要，所以必须有一员大将镇守，以保万全。李靖曾经担任过马邑郡丞，对于山西非常熟悉，再加上李靖赫赫战功，所以由他负责太原防务十分合理。不过为什么李靖要不远千里带一万江淮兵前去呢，绝不是因为山西地区兵力不够，从当时的情况来看，这是有用意的，原因有以下几点：

第一，将辅公祏的精锐主力调离本地。

在平定辅公祏战役之前，江淮地区从来都不是唐朝的管辖范围，因此自然也无法在江淮地区征兵，所以这些江淮兵大概率是辅公祏集团的降兵。这些降兵，按照常规应该直接遣散。可是这些人多是本地人，骁勇善战，如果有人打着给杜伏威复仇的名号造反，很容易就会重新集结一支颇具战斗力的军队，到时候又会对江南的安定构成巨大的威胁。所以，对这些降兵是不能轻易遣散的，而将他们尽数诛杀也太过残忍，不利于刚刚占领的江南地区的安稳。那么不妨就把他们调离本土，派一可靠之人加以管理。恰好此时北部边境遇到危机，于是李渊自然就有了调江淮兵北上戍边的想法，而李靖经前几役，已经证明了自己的能力和忠心，是个可托付之人。

第二，这是唐朝初年防御性国策的体现。

南北朝时期无数的战争实践已经充分证明了一点，那就是北军善野战，南军善守城。唐朝初年，大乱刚刚平定，百废待兴，因此李渊并没有对东突厥进行主动进攻，在边境地区基本是防御状态。当时李渊对边境地区的要求是，守住城池，保护边境百姓安全。大举进攻东突厥，李渊暂时还不敢想。所以，把善于守城的江淮兵调到边境加强防御，就是一个很正常的选择了。

李靖率部到任之后，针对当时太原的情况，开始了对东突厥的备战。

他首先做的就是屯田。根据中国古代社会发展的一般规律，王朝末年的混战会导致人口的锐减，最严重的时候人口甚至仅剩十分之一。隋朝末年，太原地区曾经发生刘武周之乱，持续数年之久，刘武周的军队毫无军纪可言，史称其"军无蓄积，虏掠为资"，战乱给当地人民带来了深重的灾难，使得太原地区民生凋敝，土地荒芜无主，加之突厥的威胁与日俱增，只凭借当地的生产，自然无法保障大军的军粮供应。如果全部依靠外地运粮支援，那又会极大地加重国家的经济负担，毕竟当时国家初定，也不富裕。李靖看到了此处的情况，认为想要解决这个问题，最好的办法就是屯田。将荒芜的土地收归公有，一部分交给军队耕种，另一部分交由本地农民或者流民耕种，由官府提供种子、耕具和耕牛。这种做法，不仅解决了土地的闲置问题，改善了官府与百姓的关系，最重要的是减轻了国家负担，最大限度实现了军队粮食的自给自足。

其次就是练兵。

李靖所率领的江淮兵长于水战，短于陆战，尤其是不擅长骑兵作战，李靖本人也是如此。这几年李靖一直在南方作战，他的指挥艺术基本都是以江河为舞台，以水师为主力。在南方作战基本都要依靠水路，既保证了行军速度，又节省了体力，还可以进行大规模的后勤运输。但是在北方的辽阔之地作战就完全不同了。这里气候寒冷干旱，黄沙扑面，行军作战如果没有马匹，那么基本只能靠两条腿。而他们的对手突厥人从小在马背上长大，往来如风，对地理环境也非常熟悉。李靖带来的江淮兵在这里严重处于劣势。

因此，练兵就成了必须完成的任务。不过此时李靖认为应该加强训练士兵的守城能力。一方面是因为优秀的骑兵绝不是一天两天就能训练出来的，需要时间的积累；另一方面，《孙子兵法》有言："昔之善战者，先为不可胜，以待敌之可胜。"只有先稳固好防御，在这里生存下来，才有资格奢谈进攻。李靖本人对与东突厥作战并不陌生，毕竟他以前担任过马邑郡丞。但是当时李靖只是参与了作战策划，并没有真正领兵打仗，如今一跃成为身系一方安危的行军总管，所以这是一个全新的挑战，自己必须尽快适应这个角色。

不过东突厥并没有给李靖多少时间，他们很快就杀过来了！

625年六月，东突厥大举入侵灵州（今宁夏银川），这里是唐军国防的最前沿，在战略上是唐军的前线预警基地，如果被攻破，大唐再无安宁。李渊对于灵州的安危非常重视，派右卫大将军张瑾为行军总管，中书侍郎温彦博为长史，率军抵御东突厥。

但是，东突厥进攻灵州只是虚晃一枪，因为面对唐军的紧急增援，东突厥军队迅速改变了行军方向，越过灵州直奔山西而去。

七月，唐军与东突厥军队发生交战，代州都督蔺谟率军与东突厥军队大战于新城（今山西朔州），唐军战败。

李渊大为震惊，朔州战败，使得雁门关以北地区都有失守的可能，接下来唐军重点设防的地区只能是太原。太原虽然有李靖防守，但是李渊依然不放心，于是急忙命令张瑾立刻回师，前往太原附近的石岭协助李靖共同防御东突厥。李渊甚至做好了太原失守的打算，他命令李高迁率军赶往大谷（今河南偃师），防止东突厥军队翻越上党高地（山西东南），饮马黄河，威胁河北、河南腹地。如此布置之后，李渊还是觉得并非万无一失，甚至把李世民也派了出去，他命李世民率军屯驻蒲州（今山西永济），以防范来势汹汹的突厥人越过太原，顺汾河而下，威胁关中。

李渊的这一系列部署，可以说殚精竭虑，考虑到了方方面面，做了最坏的打算。

很快，突厥人的行动证明了李渊的全方位部署绝非杞人忧天。八月，东突厥人利用骑兵超强的机动性，越过张瑾设防的石岭，深入山西腹地，很快就打到了潞州（今山西长治）、沁州（今山西沁源）、韩州（今山西襄垣），东突厥人已经打到了上党高地，马上就要到黄河边了！

事实已经证明了，唐军固守要点的防御策略对于突厥人来讲完全没用。突厥骑兵机动性极强，来去如风，视唐军的防御如无物，狠狠地撕扯开了唐军看似密不透风的布阵。李渊再也坐不住了，他不顾唐军实力上的劣势，下令出击反攻！李渊命令李靖统兵向潞州进发，对突厥人展开进攻，同时命令任瑰为行军总管，驻防太行（今山西晋城西南天井关），防止突厥人南下。

这个时候东突厥的獠牙终于露出来了，原来突厥前面的所有部署全部都是故布疑阵，在李渊将李靖所率领的唐军主力调出太原前往上党后，东突厥颉利可汗率军十余万大举进攻朔州，唐军真正的危机到来了！

面对洪水般涌来的敌军，此时驻守太原的张瑾和温彦博急忙率军出击，与南下的突厥军队大战于太谷（今山西太谷），结果全军覆没，温彦博被俘，张瑾只身逃脱！

随后东突厥军队直逼太原，此时的太原几乎无人防守！

正在南下的李靖大呼不妙，他深知太原的重要性，于是不顾违反李渊的军令，立刻掉转马头北上回援。结果李靖没有看到东突厥军队，反倒是遇到了只身逃脱的张瑾，并从他的嘴里得知了唐军惨败、全军覆没的消息。听闻这个噩耗，唐军上下一片哗然，张瑾所部全军覆没，下一个岂不就轮到我们了！士兵人心惶惶，将官们也是不知所措。

李靖究竟想出了什么办法来应对此事的困境，史书上没有详细记载，只留下了一句："时诸军不利，靖众独全。"意思就是其他各路唐军都不同程度遭到失败，唯独李靖保全了部众的完整。根据史书记载，此后很快颉利可汗就退军了。那么李靖到底是怎么既保存自身实力，又让颉利可汗退军的呢？史书中没有留下相关记载，所以我们也只能推测一二了。不过有一点可以确定，那就是李靖肯定是让颉利可汗吃到了很大的苦头，所以颉利可汗才不得不退军，因为颉利可汗率领的东突厥军队非常骄横，又连战连捷，不让他们吃点苦头的话，他们是不会轻易撤军的。

当时，李靖面对唐军大范围的溃败，如果最终获得了胜利，无非通过以下两种作战方式：

第一，坚守城池。这种方法确实可以保命，但是史书记载李靖一军独全，明显是带有赞赏性质的。如果李靖只是做到了保全实力，对应的评价应该不是这样的。

第二，主动对东突厥军队发起正面进攻。面对东突厥十几万大军，李靖当时的兵力处于绝对劣势，对东突厥军队发起进攻无异于以卵击石。虽然历史上也有极少数成功的案例，但是以李靖的作战风格，相信他不会采取这种方式。

所以，李靖唯一可行的方式就只有一种：在野战防御中击败东突厥军队。

因为李靖的兵力处于劣势，所以颉利可汗不会把李靖放在眼里，再加上对麾下强大骑兵部队的信心，颉利可汗自认很有把握在野战中将李靖歼灭。只要李靖率军离开城池，来到开阔的野外战场，东突厥骑兵很快就会出现在周围。这个时候李靖如果能够在野战防御中大量杀伤敌人，就有可能会让突厥人知难而退。

李靖能够在野战防御中击败突厥人吗？完全有可能，因为在历史上曾有过成功的案例。

公元409年，东晋大将军刘裕率军北伐南燕，两军在临朐展开大战。刘裕派兵绕至燕军背后，乘虚攻克临朐，燕军军心大乱，一败涂地。公元417年，刘裕率军西征后秦，派遣朱超石率数千名士兵渡过黄河，在黄河北岸结成车阵，每辆车上有二十名士兵，车上皆配备强弩。北魏三万骑兵前来进攻，朱超石把一千多根长槊截短成三四尺长，然后用强弩发射出去。这些强弩力量非常大，每一根槊都能洞穿三四名北魏骑兵，北魏骑兵伤亡巨大，只得撤退。朱超石趁机反击，又斩杀魏军千余人。

以上两战充分证明了，在平原野战中步兵部队只要训练有素，装备齐全，完全有机会战胜骑兵部队。江淮士兵本来就擅长防御作战，李靖很有可能在野战防御中给予了东突厥骑兵沉重的打击。颉利可汗在李靖这里碰了钉子，另一员唐军大将李勣也率军赶到战场，再次击败了东突厥军队。再加上其他各路唐军的部署已经逐渐恢复，颉利可汗想继续进攻已经很难再有斩获，只得下令撤军。

这一战结束之后，李渊封李靖为检校安州大都督。这个任命有点令人费解，因为安州的管辖范围是现在湖北安陆、广水一带，与山西相距甚远。李靖刚刚在与东突厥的作战中表现出色，实在是没有理由把李靖调离前线。

李靖此次潞州之行虽然短暂，但是在当地留下了深刻的印记。在今山西长治市潞城和襄垣两地，各有一处灵显王庙，就是为了祭祀李靖而建。灵显王庙本来被称为李卫公庙，到了五代后晋时期，著名的"儿皇帝"石敬瑭下旨追封李靖为灵显王，所以庙就改称为灵显王庙。

而东突厥此番失利，并未打消其进攻大唐的想法。626年四月，颉利可汗再度率领大军进攻大唐。东突厥军队先后攻打朔州（今山西朔州）、原州（今宁夏固原）、泾州（今甘肃泾川）。但是李靖并没有让东突厥猖狂太久，他率军赶往灵州，在硖石（宁夏青铜峡）与东突厥军队展开大战。双方激战一天，不分胜负，颉利可汗见占不到便宜，只得再次下令撤军。

这两场战役李靖虽然都击退了东突厥的进攻，但是他依然不满足。这两次战役，别说围歼，连击溃都算不上，只是让东突厥受到了一定的伤亡，知难而退，这种程度的损失根本无法让东突厥伤筋动骨，也就无法从根本上扭转唐军和东突厥之间实力悬殊的局面。

那应该怎么办呢？李靖坚定了一个信念：像当年的卫青、霍去病一样，组建骑兵军团，深入敌境，聚歼敌军。唯有如此，才能一劳永逸地解决问题！

但是李靖暂时没有精力考虑这个问题了，因为此时的长安，正在酝酿着一场惊天巨变……

## 第四节　玄武门之变

长安城内，太子李建成和李世民之间的矛盾，已经无法调和了。李建成，生于589年，是李渊的嫡长子，按照中国古代"立嫡以长不以贤"的规矩,李建成是天经地义的大唐皇位继承人。李渊也是这么做的,在自称唐王之后,李渊就立李建成为世子。618年李渊称帝后,李建成被立为太子。

李世民,生于598年,与李建成是同父同母的亲兄弟。李世民自幼就显示出不一样的气质,聪明果决,能文能武。唐朝建立后,李建成作为太子留守长安,外出征战基本都是李世民负责,在这个过程中李世民立下赫赫战功,被封为秦王、陕东道大行台尚书令、中书令、左右十二卫大将军、天策上将。拥有长孙无忌、房玄龄、杜如晦、程知节、尉迟敬德等文武干将,此时的李世民绝对是"一人之下,万人之上",对李建成的太子位构成了巨大的威胁。

李建成自认实力和功劳不及李世民,于是拉拢了三弟齐王李元吉,两人开始密谋如何除掉李世民,保全自己的势力。

李世民担任陕东道大行台尚书令,行台设在洛阳,管辖函谷关以东的广大地区。李渊为了制止李世民和李建成的争斗,就想让李世民去洛阳就任,让两个人离得远些。李建成和李元吉便商议:"如果秦王到了洛阳,拥有了土地与军队,我们便再也不能控制他了。不如将他留在长安,这样他就只是一个匹夫而已,捉住他也就容易了。"他们发动李渊身边的人去游说李渊,于是李渊改变了主意,将李世民留在长安。

接着,李建成开始收买和打压李世民的属下。他把一车金银珠宝送给尉迟敬德,希望尉迟敬德为自己效命,但是被尉迟敬德严词拒绝。李建成怀恨在心,派人刺杀尉迟敬德不成,又向李渊诬陷尉迟敬德，李世民再三请求，尉迟敬德才得以幸免。

李元吉又诬陷程知节，李渊将程知节外放为康州刺史。程知节对李世民说："秦王的辅佐之人如今已被瓦解，秦王自身又怎么能够长久呢！我誓死不离开京城，希望秦王及早定下计策。"此后不久，李建成又向李渊诬陷房玄龄和杜如晦，李渊命令二人离开长安回洛阳任职。

李建成如此步步紧逼，秦王府的幕僚属官人人忧虑，都劝李世民立刻动手。房玄龄说："大王功盖天地，应当继承皇帝的大业。现在大王担心危机发生，正是上天在帮助大王啊。希望大王不要迟疑不定了。"房玄龄与杜如晦共同劝说李世民诛杀李建成、李元吉。

此时，李世民的心腹只剩下长孙无忌还留在秦王府中，他与雍州治中高士廉、右候车骑将军侯君集以及尉迟敬德等人，不断地劝说世民诛杀李建成和李元吉。但是李世民依然非常犹豫，毕竟这是弑兄杀弟的事情，有悖人伦纲常，即使成功了，到时候怎么面对父亲？这件事情太大，李世民始终下不了决心。于是，他咨询了两个人的意见——李靖和李勣。

当时，李靖已经因军功升任灵州大都督，李勣在并州任行军总管。与其说李世民是在征求这两个人的意见，倒不如说是在寻求外援。当然，李世民不会让他们亲自带兵来长安，因为没有皇帝的命令，将军带兵进都城那便是有意谋反。如果李靖、李勣兴师动众地前来长安参与皇位争夺，那么大军未至，李世民便已处于绝对的不利地位。

李世民征求李靖和李勣的意见，应该更多是着眼于长远考虑。即使杀掉李建成和李元吉，当上太子，事情依然远远没有成功。李建成毕竟是李渊的嫡长子，是天下公认的皇位继承人，杀了李建成，李世民肯定会被舆论推上风口浪尖，再加上李建成也有自己的势力和亲信，大唐上下反对李世民的人肯定大有人在。所以，控制长安只是第一步，更重要的是在之后控制全国的局势，保证自己顺利登上皇位。李靖和李勣是李世民的亲信里面兵权最重的，李世民迫切需要这两个人的支持，而且一旦有人叛乱，李世民需要有足够的兵力来平叛。

关于李靖和李勣的态度，《资治通鉴》的记载是："世民犹豫未决，问于灵州大都督李靖，靖辞；问于行军总管李世勣，世勣辞。世民由是重二人。""辞"，就是找了个托词，打了个马虎眼把问题避过去了，没有正面回答。不过司马光在附注的《通鉴考异》里提到，关于这件事有两种说法，第一种说法和正文里提到的一样，另一种说法是："秦王惧，不知所为，李靖、李勣等数言'大王以功高被疑，靖等请申犬马之力'。"

那司马光为什么在正文里不采用第二种说法呢？司马光解释说自己也分不出哪种说法是对的，只是因为第一种说法比较温情，有利于教化人心，更加符合宋代的道德标准，所以就把第一种说法写入正文。这倒也合理，李靖作为大臣，撺掇一个皇子去杀另一个皇子，确实不符合儒家传统道德。不过在《旧唐书·隐太子建成传》中的记载，与《通鉴考异》中提到的第二种说法完全一样。

不管哪种说法是真的，有一点可以肯定，就是李世民在玄武门之变前肯定和身处灵州的李靖、身处并州的李勣取得了联系，并获得了他们的支持。有着强大的外援，李世民的信心无疑又增大了几分。

李勣追随李世民完全可以理解，因为在李世民征讨中原的大战中，李勣一直跟随着李世民出生入死，两人交情深厚。

但是李靖则不同。除了征讨王世充以外，李靖其他时间都是在李孝恭的麾下作战，与李世民并肩作战的经历并不多。李靖之所以追随李世民，主要原因有以下两点：

第一，自然是救命之恩。八年前在长安，如果没有李世民请求李渊刀下留人，那么李靖早就成了刀下亡魂。李靖现在所享有的一切，都是源于李世民当年的救命之恩。李靖虽然沉默寡言，但是极重恩义，眼见李世民有难，以李靖的性格来说，前方哪怕是刀山火海，他也会义不容辞。

第二，李渊对自己长期的不信任。对于李靖，李渊的态度历来是复杂的。在口头上，李渊对李靖赞赏有加，把他和韩、白、卫、霍相提并论，但是说到实际的赏赐，李渊又是吝啬的。说到爵位，李勣、程知节等人早就已经被封为国公，李靖也立下了赫赫战功，但是始终只是个县公。说到职务，李靖要么担任检校桂州总管、检校安州大都督，都加着"检校"二字，要么就是当李孝恭的副手，从未担任主官。直到来到北境立下战功，才终于成为灵州大都督，有了正职。虽然李靖一辈子淡泊名利，但是他毕竟不是圣人，怎么可能会对李渊的种种偏颇没有一点想法、一点意见呢？

所以当需要在李世民和李渊之间做选择的时候，李靖是根本用不着犹豫的。

就在征求李靖和李勣意见的时候，李世民获得了一个关键的消息：李建成、李元吉已决心置自己于死地！

此时东突厥再次入侵，李建成请奏由李元吉率军出征，李元吉则向李渊请求把李世民麾下的精兵猛将全部带走。李建成对李元吉说："现在你已经得到秦王的精兵猛将，拥有数万兵马。我将与秦王在昆明池为你饯行，我埋伏人马趁机把秦王杀死，然后上奏父皇就说他暴病身亡，再让人进言，逼父皇将国家大事交给我处理。秦王的人已经落到了你的手中，再将他们全部诛杀，到时大事成矣！"计划虽然阴毒，但是在太子的东宫中担任率更丞（主管计时的官员）的王晊已被秦王李世民收买，立刻把这个消息告诉了李世民。

事到如今，箭在弦上，不得不发了！

626年六月初三，太白星再次出现，主管天文的傅奕对李渊说："这是秦王将拥有天下的征兆。"随后，李渊把李世民召入宫，把傅奕的话对李世民说了一遍，他想看看李世民什么反应。结果李世民并没有正面回应，反倒是告诉了李渊一件事情：李建成、李元吉和李渊后宫嫔妃有染！李渊听了，怒不可遏，立刻下令李建成、李元吉次日一大早入宫。

李建成在宫里也布有眼线，他很快就知道了自己的处境。李建成将李元吉找来商议此事，李元吉说："我们应当让东宫和齐王府中的士兵准备好，托称有病不去上朝，以便观察形势，随机而动。"

李建成却有不同意见："此时宫中的军队防备严密，不可轻举妄动，我与你应当入宫，看看情形如何。"李建成意在逼迫李渊在自己和李世民间做出选择。

六月初四凌晨，李世民率领着所有亲信来到玄武门，在这里设下埋伏。此时守卫玄武门的将领是常何，他本是李建成亲信，却早已经被李世民收买。李世民带着众人，静静地等着李建成和李元吉自投罗网。

早晨天刚亮，李建成和李元吉进了玄武门，发现值守之人已经不是自己的部下，便察觉到事有蹊跷，立刻掉头想逃走。此时李世民在后面大喝一声，李元吉抢先张弓搭箭射向李世民，但慌乱之下连着三次都没有射中，李世民则毫不手软，一箭就射死了李建成。尉迟敬德带领七十名骑兵赶到，他们弯弓搭箭射向李元吉，李元吉惊慌之中跌下马来。可就在此时，李世民的坐骑受到了惊吓，跑到了树林里，李世民被林中的树枝挂住，从马上摔下，倒在地上。李元吉见状跑向李世民，随后夺过弓来准备勒死李世民，尉迟敬德立刻骑马飞奔过来营救。李元吉赶紧放开李世民，想跑入武德殿寻求父皇庇护，但尉迟敬德快马追上，一箭将他射死。[1]

李建成的部下冯立听说玄武门内生变后，立刻召集东宫和齐

---

[1] ［宋］司马光：《资治通鉴》卷一九一《唐纪·七》，中华书局2011年版。

王府的两千多名士兵攻打玄武门。双方激战良久,不分胜负。此时,尉迟敬德提着李建成和李元吉的首级来到冯立等人面前,大喝:"尔等来看,这是何人?"东宫和齐王府的人马看到主上已死,顿失战心,迅速溃散。

政变发生时,李渊正在宫内的湖里划船,李世民让尉迟敬德入宫。尉迟敬德身披铠甲,手握长矛,径直来到湖边。李渊惊慌之中问道:"爱卿到此意欲何为?"尉迟敬德回答道:"太子和齐王作乱,秦王起兵诛杀了他们。秦王担心惊动陛下,故派臣担任警卫。"

事已至此,李渊也无可奈何,只得颁布诏书,立秦王李世民为太子,并且"自今军国庶事,无大小悉太子处决,然后闻奏"。至此,李世民实际上掌控了国家政务。

接下来,自然就是李世民对秦王府众人的论功行赏:

武将方面,李世民以秦叔宝为左卫大将军,程知节为右武卫大将军,尉迟敬德为右武候大将军,侯君集为左卫将军,秦王府的武官全面接管了国家军务体系。

文官方面,李世民以房玄龄为中书令,萧瑀为左仆射,封德彝为右仆射,长孙无忌为吏部尚书,杜如晦为兵部尚书,杜淹为御史大夫,秦王府的文官全面接管了国家政务体系。

但是领兵在外的李靖和李勣并没有受封,一方面是因为这两人确实不是玄武门之变的直接功臣,另一方面也是为了保护他们。如果此时立刻给李靖和李勣封高官,那岂不是在昭告天下,李靖和李勣也是玄武门之变的重要参与者?边将参与宫廷政变,这可不是什么光荣的事情。

就这样，李世民建立了自己的统治架构。李世民所担心的地方大规模叛乱并没有发生，唯一发生的有规模的叛乱的发起人是李瑗，就是李靖曾经在金州救援过的庐江王李瑗。当时李瑗担任幽州都督，他怯懦无能，没有担任将帅的才能，李渊担心他不称职，便让王君廓辅佐他，李瑗对王君廓非常信任。而李瑗一直和李建成要好，玄武门之变后李世民召李瑗去长安，李瑗非常害怕，担心有去无回，就与王君廓商议。王君廓力劝李瑗起事，李瑗同意了，随后正式起兵。但是王君廓却把李瑗杀了，拿着李瑗的人头向李世民领赏，李世民命令王君廓接替李瑗担任幽州都督。

大规模内乱并没有发生，但是外患却来了……

## 第五节　渭水之耻

武德九年（626年）八月初九，李渊正式传位给太子李世民，李世民登基，是为唐太宗。

看着邻国换了新的君主，东突厥颉利可汗迅速给新皇帝李世民送上了一份"大礼"——十万雄兵！

说起这一次入侵，我们还要从一个人说起，这个人叫梁师都。梁师都是隋朝末年的割据势力，617年，梁师都杀害朔方（今陕西靖边）郡丞，占据朔方郡并造反，自称大丞相。后来，梁师都在与唐军的交战中屡战屡败，部下大量投降，梁师都穷途末路，投降东突厥，凭借自己对中原情形的熟知，为东突厥的进攻出谋划策，充当起了叛徒。

趁玄武门之变，梁师都建议颉利可汗立刻出兵，对此颉利可汗深表赞同。虽然玄武门之变结束的两个月里，唐朝内部并没有发生大的变乱，但是在颉利可汗看来这不过是表面上的安定罢了，唐朝内部此时肯定是暗流涌动，自己这个时候入侵，唐军肯定无力抵御，到时候自己一方必将收获巨大。

于是颉利可汗联合突利可汗，发兵十余万对唐朝发起进攻。这一次进攻，颉利可汗采取的策略和以往完全不同，他根本就不理会唐军在边境地区的城池，也不与沿途唐军纠缠，而是率兵如尖刀般直插唐朝首都——长安。

颉利可汗的这一策略是非常成功的，东突厥骑兵如同一阵旋风一样，很快就到达了泾州。李世民闻讯急忙任命尉迟敬德为泾州道行军总管，率军抵御东突厥。但是颉利可汗根本就不理会泾州城的唐军，而是继续南下，很快就到达了武功。武功距离长安只有80公里左右，东突厥骑兵只需要两日就可到达长安，李世民下令长安戒严。

很快东突厥骑兵到达了高陵，这里离长安只有不到40公里了，东突厥骑兵几乎可以朝发夕至。还好尉迟敬德终于在泾阳抓住了一支东突厥军队并将其击败，这才算暂时遏制了东突厥人凌厉的攻势。

此时的长安城内人心惶惶，但是李世民却并不是那么慌乱，因为他备有后手，而这后手就是李靖，此时李靖已经率军出现在了东突厥人的背后。

当时李靖率军守卫灵州，因为颉利可汗在和李靖的交锋中始终占不到便宜，所以就干脆不理会李靖，直接绕过灵州南下。看到东突厥十几万大军不顾灵州，迅速南进，李靖估计他们图谋肯定不小，所以没有丝毫犹豫，立刻率军追击。果然，几天之后传来消息，东突厥的真正目标是长安。

听到这个消息，李靖被惊出一身冷汗，再也顾不得许多了，下令全军全速前进，就是马跑死、人累倒，也要用最快的速度追上东突厥，绝对不可以让长安有危险。当东突厥骑兵到达高陵的时候，李靖终于率军到达了豳州（今陕西旬邑），距离东突厥军队已经只有不到二百里了。从灵州到豳州，全程超过500公里，如果正常行军至少要走一个月，但是李靖率军只用半个多月的时间就赶到了，如此行军速度在当时已经是奇迹了。

在到了豳州之后，李靖遇到了一个人——时任吏部尚书长孙无忌。长孙无忌是长孙皇后的亲哥哥，是李世民的内兄。长孙无忌当时担任吏部尚书，是朝中李世民最为信任的人。为什么李世民要派长孙无忌到李靖军中呢？有人认为长孙无忌过来是当监军的。但是从李世民对李靖的信任来看，应该不是，他根本不需要给李靖派监军，原因有二：

第一，李靖的忠诚度是不需要考验的。在玄武门之变前，李靖是明确站在李世民一边的，这给予了李世民巨大的支持，坚定了他采取行动的想法，更何况李世民对李靖还有救命之恩，所以李靖的忠诚是毫无疑问的。

第二，李靖的积极性也不需要质疑。李靖之所以在玄武门之变中明确支持李世民，是因为他认定李世民值得他效忠，李世民如果登基，必会创造出一番盛世，也会是自己时来运转的关键。所以为了维护李世民的皇位，李靖一定会拼尽全力，因为这将会获得丰厚的回报。

那么李世民为什么还要派长孙无忌到李靖那里去呢？想要了解这个问题，我们先要知道长孙无忌的优点是什么。长孙无忌最大的优点有两个：第一是忠诚，这个不需多言；第二是善于处理政务。带兵打仗绝对不是长孙无忌的长处，他最强的地方是强大的政务处理和组织才能，他对于唐朝的制度建设厥功至伟。

所以李世民派长孙无忌到李靖军中，应该是想组建一个以这两人为核心的强大后援集团。当时向长安增援的唐军肯定不止李靖一路，西北边境地区驻扎有大量唐朝军队，此时肯定也有其他援军在向长安进发。这就产生了两个问题，首先各路援军由谁来负责协调指挥，其次大量军队的后勤补给问题如何解决。

各路援军的指挥问题相对比较好解决，凭借李靖的战功和威望，唐军内部无人不服。但是后勤组织是个大问题，西北地区气候干旱，经济不发达，很难支撑大量军队。长孙无忌作为吏部尚书，对于各地官员进行指挥和协调本就是他的分内之事，再加上他本人的威信和强大的政务处理能力，相信长孙无忌一定可以很好地做好大军的后勤组织工作。

让李靖负责军务，长孙无忌负责后勤筹划，在豳州一带组织军队，堵截东突厥，李世民相信这是他能拿得出来的最好的应对策略了。

"后手"准备好了，在前方的李世民也可以相对从容。

颉利可汗在进军关中的时候肯定想着：唐朝皇室兄弟相残，权力之争肯定会导致政局动荡，这毫无疑问是唐朝最大的一次危机。但是到了关中之后，颉利可汗才发现，自己期待中的混乱景象并没有出现。恰恰相反，关中地区仍然处于李世民的牢牢掌控之中。

八月二十八日，颉利可汗率军到达渭河北岸，并没有贸然渡河对长安发起进攻，而是派了自己的心腹执失思力前往长安觐见李世民，以便观察唐朝内部的情况。执失思力到了长安后非常嚣张，对李世民说："颉利可汗与突利可汗率领着百万大军，现在已经兵临城下。"

李世民听后非常生气，斥责道："吾与汝可汗面结和亲，赠遗金帛，前后无算。汝可汗自负盟约，引兵深入，于我无愧？汝虽戎狄，亦有人心，何得全忘大恩，自夸强盛？我今先斩汝矣！"[①]意思就是，我与你们的可汗曾经当面定下合约，前后赠给你们金银布帛无数。但是你们却背弃合约，率领兵马深入我大唐领土，我可没有对不起你们的地方！你虽然是戎狄之人，但也是有一颗人心，怎么能忘了我对你的大恩，反倒在这里自夸兵强马壮！今天我就先把你砍了！

---

① ［宋］司马光：《资治通鉴》卷一九二《唐纪·八》，中华书局1973年版。

执失思力急忙磕头求饶，萧瑀和封德彝请求按照惯例打发他回去。李世民说："我今遣还，虏谓我畏之，愈肆凭陵。"李世民认为，如果放此人回去，东突厥定会认为自己害怕他们，就会更加肆无忌惮，于是就下令把执失思力囚禁起来。

可是事情总是需要解决。李世民带着高士廉、房玄龄等六人英姿勃发地骑着马来到渭河边，隔着河与颉利可汗对话，责备颉利可汗背弃合约。或许是慑服于李世民的气势，见到李世民后东突厥的很多官员竟然下马跪拜，这大大出乎颉利可汗的意料。接着大量唐军出城，在李世民身后列阵，旌旗蔽空，金甲曜日，军容雄壮，颉利可汗见到这么强大的军队，不禁心生惧意。或许这个时候，他心里已经认定，攻克长安是痴人说梦了。

李世民命令唐军稍微退后布阵，随后骑马上前，单独和颉利可汗对话。两个人具体聊了什么，历史上没有留下记载。只是两天后，即八月三十日，在长安城西郊的渭水便桥上，李世民与颉利可汗斩白马立盟，达成了和平协议。之后，颉利可汗率东突厥骑兵返回。

因为双方已经达成和议，所以在东突厥撤退的时候，李靖并没有进行堵截。

东突厥为什么撤军？有两个原因：第一就是李靖、长孙无忌已经率军到达了东突厥背后的豳州，对于东突厥后路构成了巨大的威胁，这种大动作颉利可汗不难得知；第二就是长安城的情况和颉利可汗预想的不太一样，长安城内的唐军井然有序，也没有因为玄武门之变而乱作一团，颉利可汗自认无法攻克长安。

这两点是很清楚的，但是还有其他原因。

首先，李世民肯定做了妥协。颉利可汗带着十几万人南下，一路劳顿，粮草损耗庞大，这么兴师动众的一次远征，他必须给十几万部众一个交代，因为没有人愿意空手而归。东突厥确实很难攻克长安城，但是这不代表他们就没有能力攻打其他的城池。关中是人口稠密的富庶地区，颉利可汗完全可以纵兵抢掠，等手下的士兵都收获颇丰之后再回去。虽然背后有李靖在，但是东突厥骑兵机动性极强，并不惧怕李靖的围追堵截。

东突厥骑兵撤退了，并且撤得非常干净利索，颉利可汗手下的部众都心甘情愿地就走了。出现这种情况只有一种解释，那就是李世民肯定许诺给东突厥人大量财富，换来东突厥人的快速撤离和关中人民的安宁。

其次，东突厥内部也出现了问题，主要是与突利可汗有关。

颉利可汗继位后，让什钵苾主管汗国东部地区，号突利可汗。突利可汗在管辖范围内征发无度，导致其治下很多部族叛归唐朝。颉利可汗命令突利可汗讨伐，结果突利可汗大败，颉利可汗将他囚禁鞭打，关了很久才释放他。既没有继承汗位，又遭到颉利可汗的羞辱，突利可汗不禁心生怨恨。

武德七年（624年），颉利可汗和突利可汗率领大军进攻唐朝，李世民率军抵御。李世民派人到突利可汗处向其晓以利害，突利可汗深表赞同。后来，颉利可汗要向唐军发起进攻，突利可汗不同意，进攻只能作罢。此后突利可汗一直和李世民交好，两人甚至结为兄弟。

突利可汗和李世民之间的亲密关系，颉利可汗不可能没察觉，所以此次出征他把突利可汗留在身边，防的就是突利可汗擅自行动。在渭水边，颉利可汗看到众多东突厥达官显贵竟然对李世民望尘而拜，这就使他更为震惊：看来东突厥内部和李世民交好的，绝不止突利可汗一个人！面对着复杂的内部问题，颉利可汗不得不在行动上更加慎重。

种种原因之下，颉利可汗迅速撤军，返回草原。只是他没有想到，几年之后他还会回到这座城市，不过将会是以一种完全不同的身份……

## 第六节　入主兵部

七月玄武门之变刚刚结束，李世民就对政府内部的职务进行了大规模的调整，以秦王府的人马全面掌控了中央政府。但是这个班子刚刚建立，就碰到了东突厥军队入侵，因此很多事情就只能先放在一边。直到九月，官员结构调整才再次被提上议事日程。

武德九年（626年）九月二十四日，李世民正式发布诏书，封长孙无忌为齐国公，房玄龄为邢国公，尉迟敬德为吴国公，杜如晦为蔡国公，侯君集为潞国公。

十月，李世民赐给功臣食实封。所谓"食实封"，指的是受封的人可以享受其封户的所有赋税收入，这是一笔实实在在能拿到手的钱，封户的多少也可以反映一个人地位的高低。

受封的情况分别是：

裴寂1500户；

长孙无忌、王君廓、尉迟敬德、房玄龄、杜如晦各1300户；

长孙顺德、柴绍、罗艺、李孝恭各1200户；

侯君集、张公瑾、刘师立各1000户；

李勣、刘弘基各900户；

高士廉、宇文士及、秦叔宝、程知节各700户；

安兴贵、安修仁、唐俭、窦轨、屈突通、萧瑀、封德彝、刘义节各600户；

钱九陇、樊世兴、公孙武达、李孟常、段志玄、庞卿恽、张亮、李靖、杜淹、元仲文各400户；

张长逊、张平高、李安远、李子和、秦行师、马三宝各300户。

裴寂之所以户数这么多，是因为当时裴寂在朝内有着极高的地位。太原起兵时，裴寂就是李渊的左膀右臂，唐朝建立后，他先后担任尚书右仆射和尚书左仆射，主持修撰《武德律》，为唐朝的制度完善立下大功。所以，李世民即使摒弃了所有李渊旧臣，也不敢不尊重裴寂。

受封700户至1300户的18人中，除了王君廓、罗艺、李孝恭三人外，其他15人大部分都是参与过玄武门之变的，少部分没参加玄武门之变的，比如李勣、柴绍、刘弘基，那也是和李世民一起出生入死打天下的心腹爱将。

比较特殊的这三个人中,王君廓平定了庐江王李瑗的叛乱,立下大功。李孝恭是宗室成员中和李世民最亲近的,也是战功赫赫。至于罗艺,他是隋朝名将,幽州总管,620年归降李渊,李渊下诏封他为燕王,赐姓李氏,从此,罗艺改名为李艺,为唐立下大功。

受封400户到600户的18人,大部分都是与李世民关系不算亲密,但是在李渊时代立下大功或者地位尊贵的人。

综合这些情况看,李靖受封400户,确实是有点少了。但李世民没忘记李靖的功劳。在给了李靖400户食实封后,李世民立刻把李靖提拔重用,授予了李靖两项非常重要的职务:刑部尚书和太子左卫率。

刑部尚书,顾名思义,主管天下刑狱诉讼之事。李世民任命李靖担任这个职务,看起来是很奇怪的,因为李靖所担任过的所有官职里面,除了马邑郡丞可能会涉及一点司法事务外,其他的都和司法没什么关系;再说李靖的长处是带兵打仗,绝对不是审理案件。对于这些,李世民肯定是清楚的,但是他依然任命李靖为刑部尚书,最主要的原因是想让李靖进入中央。

自唐朝开国以来,李靖征战四方,从长江流域打到珠江流域,又打回长江流域,然后又前往北部边塞,先是在并州,后来又到灵州。李靖饱经风霜,走遍万水千山,但是即便如此,李靖却从来没有获得过进入中央任职的机会,这对于已经五十多岁的李靖来讲不得不说是一个巨大的遗憾。眼瞅着自己已经将近花甲之年,有可能过几年就要告老还乡了,虽然淡泊名利,但是李靖肯定还是盼着能有机会到中央决策机构任职，以弥补自己的遗憾。

而李世民也需要李靖进入中央。玄武门之变后，李世民大量提拔了秦王府的人员，这些人中文官很多，武将也有不少，但是唯独缺乏能文能武的，李靖恰恰可以弥补这个不足。李靖上马可带兵打仗，下马可以治国安民，这种人才是非常难得的。此外秦王府武将虽多，但是普遍和李世民一样，都比较年轻，而李靖久经宦海，沉稳老练，也可以弥补这一不足。

当时中央尚处于权力结构调整的初期，并没有很多合适的位置留给李靖。李靖已经是三品的灵州总督，也不能让他担任太低的官职。此时恰好只有刑部尚书空缺，所以只好让李靖担任一个与他履历不符，但可以留在中央的官职。担任了六部尚书，李靖就可以参加中央决策，跨入执政集体，为大唐出谋划策。

除了刑部尚书这一正式职务之外，李世民还让李靖兼任太子左卫率。

626年十月，在继位之后不久，李世民就封8岁的儿子李承乾为太子，李承乾正式入主东宫。太子左卫率，就是太子所在的东宫的军事负责人，这个官职品级不高，只有正四品，但是意义非常重大。当时皇帝有一套自己的官僚系统，作为储君的太子也会有自己的一套官僚系统。在储君继位之后，任命新的官员时，往往就会在自己的东宫官员群体中进行选择，所以很多东宫官员在太子继位后往往可以位居三公。成为东宫武官之首，在太子继位后就很有希望升任朝廷武官之首，这充分体现了李世民对李靖的重视。

不过这并不能说李靖将来真的会成为唐军的核心,李靖应该也不敢奢望,这主要是因为他的年龄问题。李世民此时还不到三十岁,年富力强,而李靖已经五十多岁了,难以辅佐后世之君。这一情况李世民肯定是清楚的,但是他依然要任命李靖为太子左卫率,一方面是从态度上表现出自己对李靖的重视,另一方面也是希望李靖能够给幼小的太子带来足够多有益的教导。

公元627年,唐太宗李世民改元贞观,正式开启了自己的时代。到了贞观年间,李世民对李靖更加重用。628年,李世民任命李靖为刑部尚书兼检校中书令。

隋唐时期实行的是三省六部制:中书省掌决策,负责诏令的发布,长官为中书令;门下省负责封驳审议,长官为侍中;尚书省负责执行,长官本来为尚书令,后来因为李世民曾担任此职务,所以李世民之后唐朝不设尚书令,以左右仆射为尚书省长官,尚书省下辖六部,作为政令的执行机关。一道诏令,由中书省制定,然后交门下省审议,门下省审议无误后,交由尚书省执行。李靖能够担任检校中书令,这就表明他已经进入了国家最核心的决策群体。

贞观三年(629年),李世民颁布诏令,原兵部尚书杜如晦改任尚书右仆射,原刑部尚书检校中书令李靖改任兵部尚书。

唐代的武官分为军令和军政两套系统,而兵部是军政系统的最高机关。兵部的主要工作是全国各级军官的选拔升迁、军队的日常征调和管理、相关国防后勤系统的组织和保障等等。成为兵部尚书,李靖终于来到了最适合自己的岗位上,他终于成为大唐军队的核心人物。

成为兵部尚书的李靖，心里会想些什么呢？

首先肯定是感激，感激皇帝陛下的再造之恩。虽然李世民比自己小27岁，但是如果没有李世民，那么李靖肯定没有今天的地位和荣耀。自己征战大半生，战功赫赫，但是却始终无法真正获得李渊的信任，也无法获得与功劳相匹配的荣誉。新皇继位，自己终于迎来了人生的转折点。此时此刻，李靖对于皇帝的感激之情难以言表，此时他的心里已经决定：为了大唐，为了皇帝陛下，自己愿意付出一切！

其次是感慨。自己年少的时候就被赞誉有将相之才，但是辛苦劳碌大半生却始终一无所获。现在自己已经59岁了，马上就要到花甲之年，终于在高龄位居高位，名满天下，建立了属于自己的功业。此时，回首自己这六十年走过的风风雨雨，感慨万千。

最后是感伤。虽然自己已经建功立业，但是这份功业终究还是来得有点迟了。自己已经59岁了，人生七十古来稀，自己还能再活几年呢？未来是不是还能有建功立业的机会呢？即使有机会，陛下还会让自己这样一位老将出战吗？想到这些问题，李靖不禁倍感伤心。看到皇帝陛下，再看到李勣，看到那些年富力强的将领们，李靖不禁又想起那句古语：廉颇老矣，尚能饭否？

不过李靖大可不必担心这些，因为前方还有很多地方需要他……

# 第四章 定襄攻略

## 第一节 突厥内乱

就在李靖的仕途顺风顺水的时候,北边的颉利可汗却遇到了些麻烦。

突厥作为一个游牧民族,是由众多部落共同组成的部落联盟,其政治结构非常松散。突厥可汗虽然是突厥的最高领袖,但是其对突厥各部的掌控能力并不强,所以突厥时常会发生内乱,这是突厥人挥之不去的一个顽疾。颉利可汗也深受这个问题的困扰,多次南侵中原都因为内部矛盾最终前功尽弃。

对于中原王朝皇帝的巨大权力,颉利可汗是非常羡慕的。在渭水之盟以后,颉利可汗开始整顿内政,试图加强可汗的权力。他任用了一名逃到东突厥的汉人,名叫赵德言,让其负责东突厥政治制度的改革。赵德言按照颉利可汗的主张,在东突厥实行类似中原地区的君主专制制度，对东突厥原有的制度进行大幅度的改革。可汗权力的增大，必然会导致部族首领权力的缩小，因此赵德言的改革触犯了很多东突厥部落首领的利益，导致其内部矛盾愈演愈烈。在改革过程中，除了汉人，颉利可汗还大量任用了很多其他民族的人，这也导致突厥人非常不满。

此外，颉利可汗连年用兵，再加上他本人喜好奢靡，耗费无度，因此颉利可汗对于东突厥各部的人力和物力征发非常严重，各部落疲于应付，怨声载道。但是颉利可汗对此不闻不问，各方矛盾进一步激化。

就在东突厥内部矛盾不断加剧的同时，一股新兴的力量开始崛起了。

在蒙古高原漠北地区长期生活着一个民族——铁勒。突厥人推翻了柔然人的统治，建立突厥汗国，铁勒人也被征服，成为突厥人统治下的一个民族，铁勒诸部中又以薛延陀部落最为强大。东西突厥分裂后，铁勒诸部处于西突厥统治之下。西突厥射匮可汗去世后，统叶护可汗继位，此时西突厥内部发生了葛逻禄等民族的叛乱，西突厥再次陷入内乱之中。贞观元年（627年），薛延陀首领夷男率领铁勒人七万余户离开西突厥东迁，来到漠北地区，归附东突厥颉利可汗。

当夷男率领着部众到达东突厥的时候，他发现东突厥和西突厥一样，也处于内乱之中。因为颉利可汗的改革，东突厥内部矛盾重重，颉利可汗已经自顾不暇。这一情况极大地激发了夷男的野心，他联合之前被东突厥征服的回纥（后改称回鹘）、拔野古等铁勒部族,在整个漠北地区掀起了反对东突厥的进攻。颉利可汗派他的侄子欲谷设率领十万骑兵讨伐,结果他并不是回纥、薛延陀的对手,众多军士被俘。此消彼长之下,颉利可汗再也无法控制铁勒诸部,雪上加霜的是,颉利可汗与突利可汗的反目也加速了东突厥的衰落。东突厥在漠北的统治完全陷于崩溃。

贞观元年天气寒冷,草原上普降大雪,平地雪深数尺,冻死饿死的牲畜不计其数,东突厥民众陷入饥寒交迫之中。

贞观元年(627年),对于颉利可汗来讲,绝对不是一个好年份。

即便如此,颉利可汗依然要虚张声势,他亲自率领大军在边境地区以打猎为名,耀武扬威。他想借此显示自己依然实力强大,同时也是要向唐军表明自己早有准备,不怕唐军入侵。

对于李世民来讲,颉利可汗精心打造的这一虚假繁荣完全没用,因为李世民历来非常重视情报工作,对于东突厥内部的虚实,已经探察得一清二楚。

早在东突厥内乱刚刚开始有苗头的时候,就有人建议李世民派兵出击,李世民就此事咨询了萧瑀和长孙无忌的意见。李世民对他们说:"颉利的统治如此暴虐,必然会出大问题。现在我想派兵出击,但是我们毕竟刚刚和他们订立盟约(指渭水之盟),我不想这么快就毁约;可是如果不出击,岂非错失安定边境之良机,当今之计,为之奈何呢?"萧瑀赞成出兵,但是长孙无忌说:"敌人没有入侵,我们却撕毁盟约,派出大军进攻,劳民伤财,这不是王者之道,望陛下三思。"李世民听从了长孙无忌的劝说，打消了出兵的念头。

贞观元年（627年）十二月，出使突厥返回长安的郑元璹见到李世民，他向李世民陈述了突厥内部天灾人祸、矛盾重重的情况。他对李世民说："自古以来边族的兴衰，完全仰仗他们牲畜的繁衍情况，突厥自然也是如此。现在突厥内部人民饥饿，牲畜瘦弱，这是灭亡的征兆，不出三年，必然大乱。"于是很多大臣再度向李世民建议出兵，李世民说："刚与人结盟却背弃盟约，这是不讲信义；趁着别人遭受灾害去进攻，这是不讲仁德；趁着别人内乱而取胜，这是不讲武德。纵使突厥内部所有部落叛变，牲畜尽失，兴兵戈之事也非仁义。必须等到突厥有罪，才可兴王者之师，发兵征讨。"

李世民在贞观元年多次拒绝出兵的建议，主要还是因为李世民刚刚继位，统治亟待稳定，国内依然还是存在着为数众多的反对派，巩固内政是当时最重要的事情。

在这一年，李世民先后平定了罗艺、李幼良、王君廓、李孝常四次叛乱，大唐内部并不比突厥太平多少。而在对内平定叛乱的同时，李世民也在加紧进行战争准备。开始实行府兵制，士兵农忙时种地，农闲时训练，每年冬季还要进行集中的比试和校阅。李世民亲自上阵校阅士兵，每天抽调几百人，由他亲自指导进行训练，对于训练表现好的士兵，李世民还给予赏赐。皇帝亲自参加校阅，未必就真的能对士兵战斗力的提升起到实际作用，这更多是起到模范作用，提倡一种积极的练兵风气。

先后平定了四次叛乱，同时加紧练兵，再加上房玄龄、杜如晦、魏徵、李靖等能臣干吏的辅佐，李世民的统治已经基本稳定。到了贞观二年，李世民觉得自己终于可以腾出手来对付突厥了。

## 第二节　战争决策

贞观二年（628年）三月，当时还是刑部尚书的李靖获得了一项新的官职——关内道行军大总管。

所谓关内道，涵盖的地域非常大，包括秦岭以北、河套以南、贺兰山以东、黄河以西的广大地区。唐代为了保证中央有足够强大的力量掌控全国局势，所以在军队的部署上实行"内重外轻"的方针，京师长安所在的关中地区集中了全国约四成的军队，再加上西北边境地区部署的军队，关内道的军队数量几乎占到了全国军队总数的一半。担任关内道行军大总管的李靖，可以说已经是身系大唐安危的第一将领。

这是李靖第一次担任大总管。唐代初年，独当一面的武将一般会被任命为行军总管，如果需要更高级别的统帅来总揽全局，则往往在行军总管之上设元帅或大总管。元帅和大总管位高权重，因此一般都是由皇族成员担任，比如李世民、李孝恭和李瑗都曾任此职。李靖并非皇族出身，但是却能够担任行军大总管，这在当时是非常罕见的，充分表现了李世民对李靖的重视和信任。

对于这一任命的理由,《新唐书·太宗本纪》中的记载是"以备薛延陀"。这个理由有些牵强。当时薛延陀远在漠北,与大唐之间隔着东突厥,薛延陀根本不存在入侵大唐的可能,完全没有必要这么早就开始为防备薛延陀做准备。因此,所谓防备薛延陀,只是个托词。

李世民真正的目的,就是为征讨东突厥做准备。关内道邻近东突厥,集中了全国最多的军队,征讨东突厥所需的兵员肯定大部分都会来自关内道。在出征之前,必然要进行兵员征调、战略谋划、后勤准备等一系列事务,李世民任命李靖做关内道行军大总管,就是让他做这些事情。不过当时唐朝和东突厥立下盟约不过两年,李世民还不想背上公然毁约的罪名,只能用"防备薛延陀"作为进行各项军事准备的借口。

这个时候的李靖已经58岁了,却依然选择为国效力,接下了这份重任,李世民也依然对李靖委以重任。既然李靖已在负责战争筹划,那么由李靖率军出征,就是再正常不过的事情了。相信此时李世民的心里已经认定了,李靖就是此次远征军统帅的不二人选。

而李世民刚刚开始做远征的准备,东突厥那边就开始主动送上了机会。

颉利可汗和突利可汗的矛盾由来已久,渭水之盟结束后,两个人之间的矛盾丝毫没有缓解,反而愈演愈烈。在薛延陀崛起后,颉利可汗先是派欲谷设征讨,结果十万人的军队土崩瓦解。颉利可汗无奈,又派突利可汗率军征讨薛延陀,结果又是大败而归，突利可汗只带着少数人跑回来。颉利可汗震怒之下，囚禁、鞭打了突利可汗。突利可汗受此大辱，与颉利可汗的矛盾再也无法调和。此后颉利可汗多次向突利可汗征兵，突利可汗始终拒绝，并且向李世民提出入朝的要求。突利之所以会要求入朝，主要是他想通过此举向所有突厥人宣告，自己已经是大唐的臣属，可以获得大唐的庇护，借以威慑颉利。

听到这个消息，李世民说："古代的国君劳己而为民，国运会长久；奴役他人而自己贪图享受的，国家就会灭亡。现在突厥内乱，是因为颉利可汗没有行使好国君的职责所致。突利可汗是他至亲，却因不能自保而前来投靠大唐。虽然夷狄弱则边境安，但看到突厥的败亡，我不能不警惕，仍会担心自己有做得不好的地方而引起祸变。"

颉利可汗听说突利可汗与唐朝联络的消息后，立刻发兵进攻突利可汗。突利可汗再也坐不住了，派人向李世民求救。对此，李世民表示："朕与突利为兄弟，有急不可不救。然颉利亦与之有盟，奈何？"李世民此时陷入了两难的境地。杜如晦说："戎狄无信，终当负约，今不因其乱而取之，后悔无及。夫取乱侮亡，古之道也。"[①]他劝说李世民当机立断，既然戎狄从来不讲信义，早晚都会背弃盟约，今天如果不趁机发兵，将来悔之不及！

最终李世民没有听杜如晦的意见发兵帮助突利可汗，只是下

---

① [宋]司马光：《资治通鉴》卷一九三《唐纪·八》，中华书局2011年版.

令边境地区加强守备。

628年四月，就在颉利可汗和突利可汗兵戎相见的同时，原来东突厥统治下的部落契丹向唐朝归降。颉利可汗已经无力发兵征讨契丹，所以向李世民提出，如果唐朝能够拒绝契丹的归附，那么他愿意把梁师都交给唐朝处置。对此，李世民感到愤怒，他对东突厥使者说："契丹和东突厥本来就不是一个民族，如今契丹归附，东突厥有什么理由横加阻拦？梁师都本是大唐的人，他盗取土地，残害百姓，东突厥依然庇护着他，每当大唐发兵征讨梁师都，东突厥都会从中作梗。梁师都今已如瓮中之鳖，不日便会灭亡。即使不能攻灭梁师都，大唐也绝不会用归附之事来同你们做交易！"

看到现在东突厥乱成这个样子，李世民明白，主动出击的机会已经到了，他决定先把梁师都部彻底解决掉。当时梁师都占据朔方城（今陕西靖边），李世民命令柴绍、薛万均率军进讨。颉利可汗派兵救援梁师都，柴绍率军迎战，击败东突厥军队，唐军包围朔方城。外无救援，城内粮食将尽，朔方城内人心惶惶。四月二十六日，梁师都的表弟梁洛仁杀死梁师都，率众投降唐军。至此，唐军收复朔方城，扫除了进军东突厥的一大障碍。

朔方之战，充分证明了此时的东突厥已经是一只纸老虎。唐军如此大张旗鼓地在东突厥的眼皮底下进攻梁师都，颉利可汗竟然无力制止，事后也没有发动大规模报复，并且唐军已经表明己方能够在野战中击败突厥人，这一切都给了李世民巨大的信心。

就在东突厥实力不断削弱的同时，在薛延陀的领导下，铁勒诸部的实力进一步壮大。铁勒诸部首领共同推举薛延陀的首领夷男为可汗，夷男表示自己不敢接受。同时，根据各方面收集到的情报，唐朝对于薛延陀也有了一个基本的了解，认识到这股新兴势力潜力很大，有可能和唐朝结成同盟共同打击东突厥。于是李世民派遣乔师望前往薛延陀进行联络，并册封夷男为可汗。

乔师望到达薛延陀后，传达了唐朝皇帝的旨意，册封夷男为真珠毗伽可汗。获得唐朝这么强有力的外援，夷男自然乐意，当即接受了唐朝的册封。此时的颉利可汗可谓是内外交困，东面与突利可汗兵戎相见，南面梁师都被唐军剿灭，北面薛延陀不断壮大。自从继位以来，颉利可汗还从来没有遇到过这么困难的局面，于是他也不得不妥协了。629年8月，颉利可汗派遣使者觐见李世民，表示愿意向大唐称臣，并且请求和亲，迎娶大唐的公主，自己愿意以翁婿之礼来对待大唐的皇帝。

真是三十年河东三十年河西，就在三年之前，颉利可汗还率领十几万突厥铁骑兵临长安城下，饮马渭水，逼得李世民不得不签订城下之盟。三年之后，反倒是颉利可汗内外交困，走投无路之下，竟然求着李世民，要做他的女婿。要知道颉利可汗生于579年，比李世民大了将近二十岁，主动认一个比自己小一辈的人做岳父，这种屈辱不是一般人能承受的。

但是颉利可汗的请求遭到了李世民的断然拒绝，因为李世民已经决定了，要用武力彻底征服东突厥，不再给他们翻身的机会！战场上打下来的，远比谈判桌上谈下来的牢靠。

九月，东突厥人再次袭扰边境，有大臣向李世民建议重修长城,并且让边境地区的居民修筑城堡,用来防御东突厥。对此,李世民却表示:"东突厥近年来灾害不断,颉利可汗不仅不加紧整顿内政,反倒是更加穷兵黩武、穷奢极欲。现在突厥内部骨肉相残,距离灭亡已经不远了。我大唐现在正要扫平大漠,哪还用得着劳师动众修建城堡要塞?"

不久,代州都督张公瑾向李世民上书,请求进攻东突厥。他一共提出了六条理由,分别是:颉利可汗统治残暴,诛杀忠良,亲近奸佞,此其一;薛延陀等部落均已叛离,此其二;突利、拓设、欲谷设均已得罪颉利,无地自容,此其三;塞北地区经历霜冻干旱,粮食匮乏,此其四;颉利疏离族人,委重任于外族,大唐军队一到,必然内部纷乱,此其五;汉人早年到北方避乱,至此时人数已经很多,近来听说他们群居于突厥,占据险要之地,大军出塞,自然会响应,此其六。

张公瑾的上书最终坚定了李世民出兵的决心。经过一年多的充分准备,贞观三年(629年)八月十九,李世民认为时机已到,正式下诏,讨伐东突厥!

当时东突厥颉利可汗牙帐设在定襄(今内蒙古和林格尔),其核心统治区是阴山以南的河套地区。河套地区土地肥沃,水草肥美,且北抵阴山,具有极高的经济和军事价值。在中原民族对游牧民族的争夺战中,是否牢牢控制河套地区,是能否成功抵御北方游牧民族入侵的关键所在。南北朝末年,突厥占据河套地区,这里也成为突厥牙帐所在地。但是河套地区也有缺点,主要是两个:第一,地域范围狭小,缺乏战略纵深,没有回旋空间;

第二，河套北部是阴山山脉，南面是滚滚黄河，虽然这构成了保卫河套的地理屏障，但是这也会成为撤退时的巨大障碍。

针对东突厥的这一情况，李世民和已经任职兵部尚书的李靖等人经过慎重思考，最终制定了发兵六路进军东突厥的方案。

（一）定襄道行军总管李靖

以兵部尚书李靖为"定襄道行军总管"，以代州（今山西代县）都督张公瑾为副将，由代州出雁门关，经马邑直取定襄。

关于李靖的官职，《旧唐书》中称李靖是"代州道行军总管"，《新唐书》和《资治通鉴》中称李靖是"定襄道行军总管"，记载并不一样，但是这种区别只是名称的区别，实际官职应该是一样的。定襄当时并不是唐军的控制区，而是李靖此次进军的目的地，代州则是李靖此次进军的出发地。

李靖为主将，代州都督张公瑾为副将，这就表明李靖此次率领的军队中，代州的军队必然是重要组成部分。此外，李靖麾下的将军还包括匡道府折冲苏定方和前齐王府护军薛万彻。匡道府是京城长安的一个军府，折冲是军府的长官，薛万彻也是当时的京官，这就表明这一路军队中必然有相当数量来自京城长安的禁卫军。因此李靖麾下的士兵主要由禁卫军和代州士兵组成。

李靖作为兵部尚书，承担着进攻颉利可汗牙帐所在地定襄这一最重要的作战任务，因此他所率领的也必然是最精锐的军队。禁卫军是当时唐军最精锐的力量，也是李靖在担任兵部尚书和关内道行军大总管时统驭的重要军队，而代州处在与突厥对峙的最前沿，士兵凶悍善战，又富有和突厥人作战的经验，因此李靖此次统率的，是唐军的尖兵。好马配好鞍，李世民的这一决定，明显是要以李靖作为尖刀，将颉利可汗彻底击溃。

（二）通漠道行军总管李勣

以并州都督李勣为"通漠道行军总管"，以右武卫将军丘行恭为副将，绕颉利可汗之后，断其退路。

所谓"通漠"，意思就是通向沙漠，因此李勣此次行军作战的目标是控制通向沙漠的重要关口碛口（今内蒙古乌拉特中旗）。碛口是阴山一带的一个重要关口，是漠南通向漠北的重要通道，唐军一旦控制碛口，那么就很有把握将颉利可汗彻底围困在漠南，然后加以歼灭。李靖在正面猛攻定襄，李勣绕道碛口并截断颉利可汗的退路，前后夹击，颉利可汗必定在劫难逃。

如果说李靖因为要承担正面进攻的任务，所以他的作战难度是最大的，那么李勣因为承担的是绕后截击的任务，所以他的行军难度是最大的。李勣率军由并州出发北上，渡过桑干河后到达云中（今山西大同），而后经白道（今内蒙古呼和浩特），最终到达碛口。总行程千余里，沿途翻山过河，这对于任何一支军队都是巨大的考验。李靖和李勣两路人马，构成了此次征讨东突厥的主力军。

（三）金河道行军总管柴绍

以华州（今陕西华县）刺史柴绍为"金河道行军总管"，向金河（今内蒙古托克托）进军。柴绍此前刚刚参加了消灭梁师都一战，此次的任务是率军由朔方出发北上，渡过黄河向金河一带进军，威胁颉利可汗定襄牙帐的后方。

### （四）大同道行军总管李道宗

以任城王、灵州都督李道宗为"大同道行军总管"，率军由灵州出发，向大同（今内蒙古乌拉特前旗）进军，截断颉利可汗西逃的道路。

### （五）恒安道行军总管卫孝节

以幽州都督卫孝节为"恒安道行军总管"，率军由幽州出发，沿桑干河溯流而上，向恒安（今山西大同）进军，扫清桑干河一带的东突厥势力，保证李靖、李勣两路大军北上过程中的右翼安全。

### （六）畅武道行军总管薛万淑

以营州（今辽宁朝阳）都督薛万淑为"畅武道行军总管"，率军由营州出发，向西进军。当时生活在东突厥东部地区的契丹等部落已经脱离东突厥的统治，归附唐朝。从薛万淑的进军路线来看，他的目的应该是保护这些归附唐朝的部族，将他们与东突厥进一步割裂开来，压缩颉利可汗的活动空间。

唐朝六路大军摆开了阵势，自西向东分别是李道宗、柴绍、李靖、李勣、卫孝节和薛万淑。六路大军以兵部尚书李靖为统帅，节度诸军。为了准备这场对东突厥颉利可汗的决战，唐军在整个北部边境进行了全面的战争动员，参战总兵力多达十余万人。唐军的战线西起灵州，东至营州，东西距两千里，这是一次空前规模的大进军。

大唐国运，在此一战！

## 第三节 奇袭定襄

从长安出发之前，有很多人并不支持李靖率军出征，甚至李靖自己也有迟疑。那些不支持李靖率军出征的人，有些并非恶意，反倒是在为李靖着想。

贞观三年（629年），李靖已经59岁了，马上就要进入花甲之年，到了这个岁数，应该在家里孙辈绕膝、安享天伦之乐才对。此时的李靖战功赫赫，位极人臣，职务、荣耀都已拥有，况且国家还有李世民这样的雄才大略的明主，房玄龄、杜如晦这样的智囊以及李勣这样的青年俊才，因此前方的战事看起来不需要李靖太过担心。而如果这次出征他身居要职，最终却征讨失利，很可能此前树立的赫赫威名尽失。

对于这些劝说，李靖一一表示感谢，他明白这些人的劝说和担忧都是对的。但是谢过之后，李靖依然表示，自己还是要出征，为了心中的那份责任。

虽然有李勣、柴绍这些年富力强的优秀将领，但是此次征讨东突厥由六路大军联合行动，必须要有一位职务、资历、战功都足够的人来担任统帅，纵观朝内众将，李靖是最合适的人选。

从十几年前担任马邑郡丞，到后来担任并州行军总管、灵州都督，这些年自己和突厥人打了无数次交道，对他们非常熟悉。如果在朝内想找一个最熟悉东突厥的人，那么除了皇帝陛下，应该就是李靖了，所以他必须出征。

年近花甲的李靖依然壮怀激烈：四年前的渭水河畔，颉利可汗大兵压境,陛下被迫签订城下之盟,虽然换来了和平,但是这份屈辱让人耿耿于怀。陛下对我恩同再造,君辱臣死,陛下所遭受的屈辱我始终难以忘怀。今天,我必须亲自用自己的双手击败东突厥,彻底消灭他们,一雪前耻。哪怕因此死于征途,我也心甘情愿。至于名声、地位,又何足挂齿?

贞观三年(629年)八月,带着心中的这份信念,带着皇帝陛下的嘱托,李靖率军离开长安,开赴前线。九月初,李靖到达了代州,但是他并没有立刻出击,反而是在这里停了下来,并且这一停就是两个多月。这两个月里,李靖主要做了两件事:

第一,做好战争准备,协调各路大军行动。此次作战参战人数众多,地域范围广大,战争准备千头万绪,异常复杂。而此战是唐与东突厥之间的决胜之战,事关大唐国运,丝毫马虎不得,所以每一个细节都要处理好。纵使李靖久经宦海,经验丰富,也要花大量时间来处理,统筹各方人力。

第二,继续在东突厥内部制造矛盾和分裂。唐军之所以敢于主动出击,最重要的原因就是东突厥内部已经四分五裂,矛盾重重。但是李靖依然觉得还不够,东突厥内部矛盾越激化,唐军成功的可能性越大。于是李靖派人进入东突厥,刺探东突厥内部的情况,对其内部进行瓦解分化,使东突厥部众投降。李靖的措施效果显著:九月中旬,九名突厥首领带着三千余东突厥骑兵向唐军投降;九月底,仆固、同罗、拔野古、霫等部落的首领也率众归降。这些部落都属于铁勒民族,按说应该在东突厥的北面,但是此时却出现在与唐军对峙的前沿,应该是早先被颉利可汗调来南面以加强对唐军的防御。随着东突厥部众的不断投降，李靖对于东突厥的虚实也越来越了解。

除了要做好战争准备外，李靖之所以要等两个月之久，还有一个重要的原因，那就是在等待冬天的到来。

要想清楚这个问题，我们有必要对草原民族的生活习性有一个基本的认识。草原民族什么时候最强大？秋季。马为了越冬，会在秋天大量进食，以增加能量储备，秋天也是草原上水草丰美的时节。此时的战马膘肥体健，最适合作战。而到了冬天，青草基本绝迹，战马无法获得最优质的饲料，为了生存就只能不断消耗体内的脂肪储备，随着时间的推移，战马只会越来越瘦，气力也不似秋季。所以倚赖战马的游牧民族在秋季战斗力最强，而在冬季实力会受到削弱，李靖正是凭借对战马的了解，做出了等待时机的决定。

此外，在水草丰美的夏秋季节，草原上遍地是青草，牲畜在很多地方都可以找到合适的草场，这个时候草原民族的迁徙性最强，居无定所。因此夏秋季节东突厥各部落相对分散，迁徙无常，想要准确定位所有的敌人，难度是很大的。而到了冬季，草原民族基本都要选择背风、有水源的地方作为冬季的宿营地，而合适的冬季宿营地在整个草原上也是不多的。因此在冬季，突厥各部落很少会迁徙，而是相对聚集，这就为唐军进行大规模歼灭战创造了绝佳的机会。

那么，唐军就不害怕冬季的严寒吗？只能说比起敌人，影响要小得多。

寒冷的冬天对东突厥人最大的影响是牲畜缺乏饲料，因此战斗力受到影响。而中原民族作为农业民族，储备有充足的粮食。冬季虽然缺乏牧草，但是唐军可以使用粮食来饲养马匹，粮食提供的能量可比牧草高太多了。即便到了冬天，唐军的战马也完全不用担心饲料问题，依旧可以保持充沛的体力。虽然这样做成本很高，但是这一优势是作为游牧民族的东突厥所完全不具备的。

正是因为如此，李靖在代州两个月按兵不动，一直在等待凛冬来临，等待大雪纷飞。

李靖坐得住，但是颉利可汗坐不住了。李靖率军到达代州，这个消息没法瞒太久，颉利可汗预料唐军接下来肯定会有大动作。但是他左等右等，唐军就是不来进攻，坐镇代州的李靖就如同一把悬顶之剑，让自己寝食难安。等了一个多月，颉利可汗再也等不下去了，于是决定主动出击。

贞观三年十一月初，颉利可汗派兵进攻唐朝河西地区的甘州（今甘肃张掖）、肃州（今甘肃酒泉）。颉利可汗之所以攻打河西地区：一方面是这个地区历来不是唐与东突厥交战的主战场，唐军防御较弱；另一方面他想以此吸引唐军前来增援，从而打乱唐军的作战部署，掌握战场主动权。但是事与愿违，李靖早已料到了敌人的动向，在此布局一支偏师，东突厥军队被当地守军击败，千余人被俘。曾经风光无限的突厥骑兵现在连唐军偏师都难以胜过，李靖更加确信了此时的东突厥军队已经不再是大唐军队的对手。

过了半个月,整个北境开始飘落纷纷扬扬的雪花,李靖等待的冬天终于来了!

贞观三年(629年)十一月二十三日,根据李靖的建议,李世民正式下达了讨伐东突厥的诏书,唐与突厥的决战开始了!

李靖的军队还没出发,前方的好消息便接踵而至,李靖对东突厥的分化政策捷报频传。

在过去一年多与颉利可汗的交战中,突利可汗屡遭失败,再也坚持不下去的突利可汗于十二月二日率众投降唐朝,突利可汗本人更是亲自到长安觐见李世民。突利可汗来后,唐太宗以厚礼相待,赐以御膳,授官右卫大将军,封爵北平郡王,食邑七百户。突利可汗是东突厥始毕可汗之子,身份高贵,他的公开投降对于整个东突厥在士气上是一个极大的打击。

突利可汗投降唐朝后不到半个月,生活在东突厥东部地区的靺鞨部落也向大唐称臣纳贡。李世民得知后高兴地说:"昔人谓御戎无上策,朕今治安中国,而四夷自服,岂非上策乎!"[1]他感慨万千,前人对于戎狄都没什么好的对策,而在他的治理下,大唐安定繁荣,四方戎狄之人陆续臣服,这不就是最好的对策吗?

十二月下旬,东突厥首领郁射设率领部众投降唐朝。郁射设是东突厥处罗可汗之子,其牙帐在黄河以南、夏州(今陕西靖边)以北地区。随着梁师都的灭亡,郁射设开始直面唐军。他明

---

[1] [宋]司马光:《资治通鉴》卷一九三《唐纪·八》,中华书局2011年版.

白这是以卵击石，如果仍然正面对抗，下一个灭亡的肯定是自己，于是不再犹豫，决定投降。郁射设的投降，标志着东突厥的势力基本退出了黄河以南地区。

看着东突厥的降兵不断前来，李靖明白，出击的最佳时机已经到了，但是怎样作战更为合理，还是个大问题。东突厥虽然实力已经大大衰弱，但是依然不容小觑。东突厥极盛时期有四十万大军，近些年来随着薛延陀等铁勒诸部的反叛、突利可汗的投降，以及其他大大小小部族的反叛，军队数量已经大大减少。即便如此，颉利可汗所率领的东突厥部众仍有十几万。定襄作为颉利可汗牙帐所在地，守备在此的东突厥骑兵至少有几万人，并且均为精锐。唐军虽然也有十几万，但是毕竟分为六路，李靖所率领的人马不过三四万人，所以在定襄战场这一局部地区，唐军并没有数量优势。

如果想要击败在定襄的颉利可汗主力部队，在正面交锋中获胜肯定是很难的，那么想要取胜就只有一个方法——发动突袭。

不过这谈何容易：李靖率军从马邑出发到定襄，距离有一百多公里，并且途中还有善阳岭、紫河、恶阳岭三道地理屏障，这三道屏障之间的地形并不平坦，都是沟壑纵横的丘陵地区。如果按照骑兵部队正常行军速度，走完这一段路程至少需要三四天时间，想要在这么长的时间、这么远的距离里躲过所有突厥斥候的侦察，瞒天过海到达定襄，几乎是一件不可能的事情。

行军距离是没法变的，那么就只能在行军速度上做文章了。经过谨慎思考，李靖最终做出了一个决定：自己亲率三千精兵，突袭定襄！

李靖把自己的决定和部下探讨，又是遭到了一致的反对，因为这个方案实在是太冒险了。三千人实在是太少了，此战面对的是颉利可汗本部的数万精锐东突厥骑兵，敌我数量对比实在是太悬殊了，即使能够出其不意地到达定襄，也很难保证能够击败突厥人。如果到时候突厥骑兵大举反击，这三千人将陷入极端危险的境地。所以多数人都主张稳扎稳打，等其他几路唐军到位后，再摆开阵仗进攻。

对于这种局面，李靖并未感到意外，所以，李靖首先说明了自己这样做的可行性。

李靖说道："我只带三千人，自然有我的战法。虽然人数只有三千，但此战我将携带近万匹战马，一名士兵配三匹马，两匹马用来换乘，一匹马运载辎重，这样可以达到最快的行军速度。我将挑选全军最骁勇善战的战士，可以像一把锋利的尖刀直刺东突厥的要害。

"另外在行军过程中，我会让射术最好的士兵，骑最好的战马在大部队周围游弋，一旦发现突厥斥候立刻射杀，绝不可以放任何一个人回去报信。只有这样才能保证我大军神不知鬼不觉地接近定襄。"

对于众将对兵力数量的担心，李靖也说明了自己的想法："至于你们所说的敌我兵力悬殊，这确实是一个问题。但是正因如此，一旦我军将士到达战场，那就是置之死地而后生，此时全军唯有奋力拼杀才能有一条生路。我相信我大唐的将士必定可以以一当十,锐不可当。此时天气寒冷,万里冰封,突厥人绝不会料想到我军会在这个时候发起攻击,届时我军如神兵天降,突厥人必定一片大乱,三千精兵趁乱击之,必定可以获得全胜!"

此时副将张公瑾说:"总管所言有理,但是天气严寒,此战又危险万分,总管在后方指挥就是,还是不要亲自出战了。"

李靖微微一笑,摆摆手说道:"都督这话,和几年前当涂之战时李勣的话一模一样,你们都觉得我已年老,不堪大任。但是此战我必须去,只要我在,将士们必将士气大振,因为他们会看到三军主将在最危险的时刻依然和他们站在一起。如果此战我战死,那三军悲痛,必会因想要为我复仇而激愤,哀兵必胜,东突厥必败。只要能有利于社稷,我李靖风烛残年,死又何足惜?"

李靖的话说完,众人无不钦佩老将军的忠勇气节,便不再多言,计划已定,偷袭定襄!

贞观四年(630年)正月,中原地区的老百姓们还沉浸在辞旧迎新的喜悦之中,新年的欢乐气氛还没有完全散去。此时的马邑,气氛却迥然不同。三千大唐铁骑已经列队完毕,就等着统帅一声令下。看着眼前整肃完毕的军阵,李靖跨上战马,大喊一声:"出发!"

此时,天空又开始飘起白色的雪花。白色,在中国人眼里并不是吉利的颜色。这白色的雪花,奏响的是大唐将士的挽歌,因为他们中的很多人会一去不返,身死他乡;白色的雪花,奏响的又是东突厥灭亡的序曲,因为属于大唐的时代,就要来临了。

关于李靖到底花了多长时间从马邑到定襄,历史上并没有记载。精锐骑兵部队一昼夜行军三百里,这在历史上是出现过的,所以李靖也完全有可能做得到。但是长途急行军后人力和畜力损耗都十分巨大,以李靖的谨慎,肯定不会立刻投入作战。唐军势必会有一个休整的过程,等士兵和战马都吃饱喝足,体力恢复之后再投入作战。一天半的时间比较符合正常的行军规律。而这个休整的地方,就是恶阳岭。

黄昏,夕阳西下,一名东突厥骑兵外出侦察,他此次侦察的目的地是恶阳岭,那里距离定襄五十里左右,是定襄的最后一道天然屏障,所以还是有必要去侦察的。对于这项任务他早已习惯,不过是例行公事而已。几个月以来每天都要外出侦察,可从来没有看见过唐军的影子,天寒地冻,谁会在这个时候来进攻?不仅他这样想,几乎所有突厥人都这么想,所以对于外出侦察这项苦差事他们多是敷衍。这一天还是一样,走了近百里也没看见半个人影,又浪费了一天的时间。

当他来到恶阳岭山下的时候,不知为何他有一种不祥的预感,于是他爬上了恶阳岭,想看看山后面的情形。接下来,他看到了让他肝胆俱裂的场景——山后面是黑压压的骑兵,军容严整,杀气凛然,再看旗帜,那分明是唐军!他急忙掉转马头想要回去报信,此时几支利箭追上了他,钻入他的后背,他摔下马来,掉到了地上。他的眼没有合上,看着唐军战马的马蹄从眼前奔过……

## 第四节　一雪前耻

到了恶阳岭，唐军最后一次整顿队伍，准备发起最后的冲锋。

此时，所有的唐军士兵都看见了一面硕大的帅旗，上面写着一个"李"字，帅旗的下面是一名老者，他身形魁梧，目光坚毅，那是大唐的中流砥柱——兵部尚书、定襄道行军总管李靖！李靖的威名如雷贯耳，这样的人物本应处于高高的庙堂之上与皇帝高谈阔论。但是今天，在塞外荒凉的战场上，李靖却和最普通的士兵站在一起面对凛冽的寒风，共同等待最后时刻的到来。能与李靖共同杀敌，是莫大的荣耀，虽死何恨！

到了晚上，万籁俱寂，李靖感觉时机已到。于是他跨上战马，剑指前方，大喝一声："扬名立万在今朝，将士们，跟我冲！"

此时在定襄，颉利可汗还在自己的牙帐里，提心吊胆地提防着唐军进攻，他也有点乏了，正准备就寝，突然一名部将像丢了半条命一样火急火燎地冲进来喊道："启禀可汗，有大队人马冲过来了，是唐军骑兵！"

颉利可汗忙问："是谁的人马？有多少人？"

部将回答道："前面跑回来的人说，他们看见帅旗上写着一个'李'字，李靖离我们最近，应该是李靖的人马。数量不清楚，天太黑了看不清，但是听动静应该不会很多，估计就几千人。"

听到人数不多，颉利可汗不但没有安下心来，反倒是更害怕了。对于唐军进攻的消息，颉利可汗虽然觉得震惊，但是并不意外。几个月以来唐军调动频繁，当他们准备好之后，自然就会发起对定襄的攻势。李靖向来用兵谨慎，现在却胆敢率领几千人来攻击定襄，自己麾下有数万人马，谁给他这么大的胆子？现在看来，周围肯定还有唐军的其他人马配合，自己可能已经被包围了。月黑风高，谁知道其他唐军藏在哪里，说不定接下来其他唐军就会从各个方向涌出，对定襄进行合围。

想到这里，颉利可汗哀叹："唐军若不倾国而来，李靖岂敢孤军而至！"

李靖要的就是这个效果，他不仅要在军事行动上让敌人措手不及，还要在心理上给敌人以致命一击。连颉利可汗都慌了，突厥士兵自然也不能幸免，恐惧是军队里最忌讳的传染病，一旦出现就会迅速蔓延到全军。看到一支队列整齐、杀气腾腾的军队突然出现在眼前，东突厥骑兵忽然感觉自己的刀变得无比沉重，手也开始不听使唤，他们还在努力克服恐惧的时候，唐军的马刀已经挥舞到了他们眼前……

少数东突厥士兵鼓起勇气，向唐军骑兵展开反冲锋，但是如同螳臂当车，很快就被斩落马下，在一片慌乱之中，东突厥士兵纷纷四散溃逃。颉利可汗眼见手下兵败如山倒，知道败局已定，于是率领自己的亲兵仓皇逃离定襄。在撤退的过程中，东突厥骑兵已如惊弓之鸟，发生了数次混乱，士气更加低落。

"月黑雁飞高，单于夜遁逃。欲将轻骑逐，大雪满弓刀。"

定襄，东突厥的政治中心，就这样被李靖占领了。定襄的百姓们，能爬上马的都作鸟兽散，那些没逃走的人全部束手就擒，颉利可汗在定襄积攒多年的财物全部变成了唐军的战利品。不过李靖可没时间清点金银财宝，他继续率军穷追不舍，誓要将东突厥彻底歼灭。

李靖在率军紧紧追击的同时，还不忘继续使用离间分化的手段。他早就听说颉利可汗有一名亲信叫康苏密，这个人是西域的粟特人，来到东突厥后很受颉利可汗重用。因为颉利可汗推行的改革大量重用其他民族，疏远了东突厥本族的人，所以引起了很多东突厥人的不满。对此康苏密也感到很害怕，害怕自己哪天会被东突厥人杀掉。这一情况很快就被李靖知道了，于是李靖秘密派人联络了康苏密。而现在颉利可汗败局已定，所有的恩义和忠心全都被康苏密抛诸脑后。康苏密立刻脱离颉利可汗，投降李靖。康苏密对东突厥内部情况极为了解，他投降后，颉利可汗就再无秘密可言。

在定襄大败之后，颉利可汗急忙率军北逃，试图逃往漠北，而他的行动早就在李靖的预料之中。此时李勣已经率军经云中包抄颉利可汗北逃的后路，两军相遇于白道（在今内蒙古呼和浩特市西北，为古代穿越阴山南北的主要通道之一），唐军大获全胜。颉利可汗见北逃的道路已经被封堵，只得率军转而向西逃去。

在追击的过程中，李靖还俘虏了两个人：隋炀帝的萧皇后和孙子杨政道。

为抗衡唐朝，东突厥始毕可汗立杨政道为隋王，复立"大隋"政权，史称后隋。李靖大军杀到，这个傀儡朝廷便立刻灰飞烟灭。杨政道被俘后，李靖把他送到长安。李世民不但没有杀他，反而将他妥善安置，杨政道一直活到李世民的儿子唐高宗李治永徽年间才去世。

萧皇后是南梁萧氏皇族之后，在隋炀帝被杀后，萧皇后被宇文化及带到山东聊城。宇文化及失败后，萧皇后被窦建德俘获，后来又被始毕可汗迎往东突厥。在被李靖俘虏后，萧皇后随同杨政道被送往长安。投降的东突厥人说："中原曾有官员和萧氏暗通书信，对大唐图谋不轨。"所以有人建议把萧皇后关押起来严加审问，李世民说："天下未定之时，突厥还很强大，有些人无知，才会做出这样的事。现在天下已定，过去的事就让它过去吧。"

因此，萧皇后也得到了李世民的礼遇。贞观二十一年（647年），萧皇后去世，享年81岁。萧皇后去世后，李世民按照皇后的礼仪将萧皇后葬在隋炀帝陵墓的旁边。

听闻定襄之战李靖大获全胜，李世民大喜过望，说道："昔李陵提步卒五千，不免身降匈奴，尚得书名竹帛。卿以三千轻骑深入虏庭，克复定襄，威振北狄，古今所未有，足报往年渭水之役。"[1]他对李靖的战功高度赞赏：当年汉朝李陵曾带领五千步卒进攻匈奴，最后苦战兵败归降匈奴，即便这样尚且能够留名青史。如今李靖以三千骑兵深入敌境，攻克定襄，这是古今所没有的功勋，这足以洗雪渭水之耻了！随后李世民下诏，封李靖为代

---

[1] ［后晋］刘昫：《旧唐书》卷六七《李靖列传》，中华书局1975年版。

国公,"赐物六百段及名马、宝器等"。

在这些赏赐里面,最值得李靖高兴的,还是他获得了最高爵位——代国公。李靖的祖父和父亲都只是县公,现在李靖终于实现了跃升,获得了国公的爵位。与散官和勋官不同,爵位是可以世袭的,李靖国公的头衔可以传给自己的后世子孙,永远光耀门楣,世世代代的人都能记得他们的先祖李靖今天所建立的赫赫功勋。

不过李世民封赏的消息传到李靖军中还需要时间,此时李靖还没有享受到这份喜悦,他现在正忙于追赶颉利可汗。在追击的路上,李靖率军到达了一座旧城,这座城池荒废已久,现在只剩下断壁残垣,但是在这些荒废的遗迹中依然可以看到昔日的雄伟繁华。

李靖停下马,面带笑意地问身边的张公瑾:"张都督可知道这城叫什么名字?"

张公瑾摇摇头。

李靖说:"这座城早在秦始皇时期就已经存在,那时叫九原城。秦始皇灭六国一统天下,随后派出大将军蒙恬率三十万大军北击匈奴,收复整个河套地区,设置九原郡,郡治所就是这座城,后来汉代大将军卫青再次击败匈奴,汉武帝在这里设立朔方郡。历朝历代以来,这里都是中原抵御外敌入侵的最前沿,能否牢牢守住这里,事关国家兴衰。"

张公瑾笑着说:"总管今日之功,可以与蒙恬、卫青比肩了。"

李靖哈哈大笑道:"和蒙恬、卫青比肩,李靖不敢奢想。我只想在收复此地后,能够保百姓安居乐业,能够让陛下一雪前耻,李靖心愿了矣。"

张公瑾说:"总管所言令在下惭愧,如今我等既收复此处,更要保天下苍生不再受这战乱之苦才是!"

李靖慨叹道:"是啊,我们要把这要冲之地牢牢攥在我们自己的手里。我们要证明大唐不逊色于秦汉,我们要证明自己无愧于列祖列宗!昔日霍去病有言,匈奴未灭何以家为?我们今天一定要彻底消灭突厥,保大唐万世太平!"

说罢,李靖扬鞭策马,继续向前……

# 第五章 铁山决战

## 第一节 颉利求和

在李靖的穷追不舍之下,颉利可汗丝毫不敢停留,连续跑了四五百里,一直跑到了铁山(今内蒙古白云鄂博)才敢稍作停留。铁山地区盛产矿藏,是突厥重要的冶铁和生产兵器之地。这里距离定襄大概有五百里,颉利可汗觉得这个距离已经足够安全。

在这里,颉利可汗开始重新集结逃散的部众,同时在周围重新布置防御,广设斥候侦查,严防唐军再次偷袭。安定下来之后,颉利可汗重新清点人马,发现自己仍有几万兵力,依然有一战之力,他悬着的心逐渐安定下来,在铁山重新设立牙帐,发号施令,准备积聚力量,以图反击李靖和唐军。

此时,颉利可汗的出路只有两条:继续逃跑或投降。继续逃跑,就当时的情况看不太现实,因为已经连续奔波了几百里,大量部众失散，从定襄带出的财产也损失殆尽，侥幸到达铁山的残部也已是人困马乏、军心涣散了，再跑下去很难保证这些部下仍能对自己保持忠心。虽然投降也不是一个好的选择，但事到如今似乎只有这条路可以走了。李靖依然穷追不舍，势必不会轻易罢休。倒不如趁现在手里还握有几万军士，还有谈判的资本，尽可能争取一个好的结果。如果到了与李靖战至山穷水尽的地步，便是人为刀俎，我为鱼肉，任人宰割了。

所以颉利可汗决定投降，不过他并不是真心想投降，只是缓兵之计而已。向大唐皇帝称臣、纳贡都是可以暂时接受的，而这都不过是为了争取时间，颉利可汗真正的目的，是等到开春冰雪消融之后再向漠北逃跑。

颉利可汗定襄战败后就想要逃往漠北，但是在白道被李勣率部拦截，现在又想逃往漠北，那里有铁勒诸部正在作乱，与自己势同水火，为什么他依然要执着地去漠北呢？而且为什么要拖到春暖花开之后呢？其实颉利可汗之所以作出这样的决定，是经过慎重思考的。

首先，漠北地区虽然有铁勒作乱，但逃去那里也是自己唯一翻盘的机会。铁勒共有十五个部落，带头反抗颉利可汗的是薛延陀和回纥，其他部落只不过跟随其后。而十五个部落内部依然有矛盾，只要有矛盾，就可以加以利用。另外铁勒造反虽然声势浩大，但是人数却并不多，全部人口不过只有十万户左右。颉利可汗现在手头有几万人的兵力，漠北也还有相当数量忠于自己的突厥人，把这些力量进行整合，只要指挥得当，完全有机会击败铁勒，继续与唐军周旋。

颉利可汗很有可能是想效法当年匈奴的做法，先平定漠北局势，然后在漠北扎下根基，利用对地形的熟悉，与唐朝打持久战。但是大漠地区本来就难觅水草，冬季更是天寒地冻，寸草不生，想在冬季穿越大漠艰苦异常。如果是兵强马壮，颉利可汗或许敢在冬季穿越大漠，但是现在人困马乏，物资缺乏，穿越大漠无异于自寻死路。颉利可汗虽然想逃往漠北，但是也只能等到开春之后。

既然已经决定要用投降作为缓兵之计，那么接下来的问题就是应该向谁投降，是就近向率军穷追不舍的李靖投降，还是向坐镇长安的皇帝李世民投降呢？这个问题几乎不用考虑，颉利可汗决定舍近求远，向远在长安的李世民投降。之所以这样决定，是因为颉利可汗从李靖舍生忘死夜袭定襄和随后的穷追猛打看出，李靖是抱着不彻底消灭自己不罢休的态度来战的，而今唐军已占优势，他不但不可能接受投降，反倒是有可能借着接受自己的投降作为烟幕弹，站稳脚跟后再次袭击自己，这样的话可就危险了。所以，还是直接向大唐皇帝投降的好，希望皇帝宅心仁厚，放自己一条生路。

贞观四年（630年）正月，颉利可汗派出执失思力到长安，觐见李世民。执失思力表示，颉利可汗愿意率领所有部众归顺大唐，可汗愿意亲自来长安觐见大唐皇帝，恳求陛下能够接受，与东突厥罢兵交好。

但是颉利可汗万万没想到，自己这么信任的执失思力也归降大唐了。根据执失思力的侄子执失善光的墓志铭记载:"祖(执失武)即遣长子思力入朝献策。太宗嘉其诚节,取其谋效……太宗与思力歃血而盟曰'代代子孙,无相侵扰'。"这里所说的自然是贞观四年定襄之战后的事情。从渭水之盟到此次东突厥求和,执失思力一直是东突厥的使臣,自然受到了唐朝的重点拉拢。看来在东突厥风雨飘摇之时,执失思力也做出了自己的选择。作为颉利可汗的近臣,执失思力知道东突厥内部太多的机密,他的投降使得东突厥的秘密对大唐来说几乎变得透明。

虽然成功拉拢了执失思力,但是对于颉利可汗的求和要求,李世民还是需要给一个答复。其实,年轻气盛、能征善战的李世民第一反应肯定是不想接受的。前线已经取得了大胜,战场的主动权已经掌握在自己的手里,李靖统领的各路唐军现在完全有机会、有把握将东突厥彻底消灭,实在是没有和谈的必要,这一点他再清楚不过。

但是他身为大唐帝国的皇帝,要从更高、更远的角度对待这件事。思虑再三,李世民还是接受了和议。因为从长远考虑,目前边境与其他邻国的关系仍然是剑拔弩张的状态,如果今天拒绝了东突厥的和议要求,那么今后其他政权在与大唐的战争中面临类似的情况时,自然会认为大唐是不会轻易接受和谈的,到时候就会负隅顽抗,做困兽之斗,这肯定会让唐军付出更沉重的代价。如果自己想要达成威服万邦的目标,展现自己作为中原之主的气度,就有必要展现出怀柔宽容的一面,如果连颉利可汗都能原谅,在其兵败之际依然不做赶尽杀绝之事,那对待其他邻国,自然更为宽容。而且，今日虽罢兵言和，李世民已经有了对突厥战必胜的把握。

于是，李世民表示愿意接受颉利可汗的和谈要求，并派出唐俭为使臣前往东突厥招抚，同时命令李靖准备率军迎接颉利可汗归降。

唐俭与李世民为世交，他的父亲唐鉴和李渊关系匪浅。唐俭与李世民又非常熟悉，两人年少时经常一同出游。隋朝末年，唐俭见隋朝政局渐乱，便暗地劝说李渊："公日角龙庭，姓协图谶，系天下望久矣。"唐俭奉承李渊，说他有帝王之相，姓氏又合乎当时的预言。如果外招豪杰，北连戎狄，右收燕、赵，渡河南下，占据秦、雍之地，便可成就与商汤、周武一样的大业了。李渊故作推辞说："汤、武之事哪里敢追求？"虽然表面上这样说，但是李渊心里很高兴，逐渐开始器重唐俭。在李渊开国建立唐朝后，唐俭被封为晋昌郡公。

作为跟随李渊太原起兵的从龙功臣，唐俭先后担任并州道安抚大使、礼部尚书、天策府长史、检校黄门侍郎，受封为莒国公。贞观四年时，唐俭担任负责外交和礼仪工作的鸿胪卿，所以李世民决定派唐俭出使东突厥。临行前李世民问唐俭："卿观颉利可取乎？"唐俭回答说："衔国威灵，庶有成功。"[1]就这样，唐俭带着皇命动身前往铁山会见颉利可汗。

派出唐俭这种皇帝的近臣担任使臣，可以说明李世民对于

---

[1] ［宋］欧阳修：《新唐书》卷八九《唐俭传》，中华书局1975年版。

这次和谈是有诚意的。看到唐俭担任使臣，颉利可汗也明白了李世民的和谈诚意，他非常高兴，用最隆重的礼仪欢迎唐俭的到来。见到唐俭之后，颉利可汗向他表示自己悔不当初，痛恨自己目光短浅，不应该与大唐为敌，现在落得这个下场完全是咎由自取，现在自己只希望率领部众做大唐忠实的臣子。颉利可汗声泪俱下，显得诚意十足。唐俭见状急忙表示，大唐皇帝仁德著于四海，只要东突厥真心归顺，陛下一定会网开一面，既往不咎的。

听到唐俭这么说，颉利可汗心里悬着的石头就放下了，也确认了李世民对这次和谈的态度。于是他连忙收起泪水，命令大摆筵席，与唐俭等人日日置酒高会，极尽宾主欢愉，铁山内外尽显快活。

就在颉利可汗忙着向李世民求和的时候，李靖也没闲着，他正在思索接下来的仗该怎么打。

在颉利可汗逃往铁山后，李靖也很快就得知了这个消息，他没有继续追击，反而下令各部停止前进，掉转马头返回，去白道与李勣大军会合。他并不是不想追，只是不得不停下来：此战自己毕竟只带了三千人，已经追击出很远的距离，大部队被远远抛在后面，自己还需要留下相当一部分人马镇守定襄，所以手头可调动的人马实在是没多少。常言道穷寇勿追，虽然与突厥残部相比自己这部人马仍有兵力优势，但如果逼急突厥，让他们背水一战，自己很有可能会陷入险境。当下还是返回与大部队会合，然后再和李勣商量接下来的对策为上计。

在回师的路上，虽然寒风凛凛，但是李靖却是春光满面，此战打得实在是太漂亮，比自己想象的还要顺利，不仅杀敌无数，而且缴获丰厚。在定襄，唐军获得了无数的牲畜和粮草，不仅解决了补给问题，更重要的是补充了大量战马，这为接下来的战斗提供了良好的条件，这些良马是骑兵安身立命的伙伴，也是能否击败突厥的关键。现在大胜之后将士们必定是士气高昂，踊跃求战，相信下一场大胜已经为期不远了。想到这里，李靖越发高兴了。

但是当李靖回到定襄军营后，感觉军营内的气氛并不太对，自己期待的万众踊跃、士气高昂的精神面貌并没有出现。他刚要问，这时一名部下过来对李靖说："总管，陛下已经开始与突厥和谈，命令我们准备迎接突厥归降，这是诏书，请您过目。"

## 第二节 和谈？进军？

李靖的第一反应是难以相信李世民的抉择，为什么大胜之后反倒要和敌人和谈，这不是给敌人以喘息之机，养虎为患吗？

不过李靖也瞬间明白了皇帝的考虑：陛下肯定是想以此次征伐东突厥为战例，让四海之内主动归附，以免兵戈之灾，树立大唐皇帝的威严。但是这样真的可以吗？不，这绝对不行，这种做法是放虎归山，看起来可以一劳永逸、一举多得，但是凭自己对敌人的了解，他们绝不会就此罢兵，这只是对方的拖延之策。待到东突厥实力恢复，颉利可汗必会再反。此时本就是他们最虚弱的时候，再加上经过定襄之战，颉利可汗损兵折将，元气大伤，此时不将其全歼，更待何时？

但是皇帝已有诏令，让自己率军迎接东突厥归降，那自己该怎么办呢？

坐等谈判，然后迎接东突厥来降，这绝不是李靖这样具有战略眼光的军事家可以接受的，既然明白这只是纵虎归山的事情，以李靖的性格，绝不会坐视不管。

是否可以在迎接东突厥内附之时，将其击灭呢？也断不可行。颉利可汗所率部众多为精锐和死忠之士，与敌人正面相杀，无疑会增加唐军的损失，会让众多将士徒送性命。再者，既已同意和谈，和议墨迹未干，就发兵偷袭，如此言而无信，必定会遭到四邻耻笑，也将令大唐蒙羞，让皇帝脸上无光，是胜之不武的。

李靖想到了一个不是办法的办法：趁合议未成，敌人懈怠之时，再发轻兵偷袭，彻底消灭东突厥！

想到这里，李靖再也坐不住了，他觉得自己必须要有所行动。但是以自己这一路军队的实力，想要彻底攻下铁山难度太大，既然李勣近在咫尺，他决定先去白道咨询李勣的意见。

李靖忧心忡忡地赶到了白道李勣军营，还没等李靖开口，李勣就着急地对李靖说："总管收到陛下的诏书了吗？"

"我已经收到了。"

"总管意下如何？"

看到李勣焦急又忧虑的神态，李靖觉得李勣肯定有自己的想法，不妨先听听他的意见。于是李靖缓缓说道："陛下这么做肯定有自己的道理，我们做臣子的听命令就是了。"

听到李靖这么说，李勣更着急了："这样做是养虎遗患，等到东突厥实力恢复过来，肯定会继续与大唐为敌，到时候再想消灭他们不知道要花多少工夫。现在是我们消灭他们最好的机会了，不趁势将其歼灭，岂不前功尽弃！"

"可是陛下有命，我们这些做臣子的也只能服从啊！"李靖还想再激将一下李勣。

"将在外君命有所不受，为了国家社稷，个人生死有何足惜？我恳请率军出击，快马加鞭，直捣铁山，若陛下责怪，李勣一人承担便是！"李勣慷慨激昂。

看到李勣这么说，李靖倍感欣慰，英雄所见略同，没想到李勣年纪轻轻，也能有这份胆气和豪气，后生可畏，大唐后继有人啊！李靖笑着说："刚才老夫只是试探一下将军出战的决心，我虽年老，但此次奉皇命击突厥，不破不还之志还是有的，只是还想听取将军的建议。既然我二人都誓灭突厥，我们帐内详谈，还请将军不吝赐教。"

听到李靖这么说，李勣大喜过望，立刻和李靖一起进入军帐，然后说道："颉利虽然战败，但是人马还有不少，如果让他越过沙漠，重新得到旧部的支持，那么到时候道路遥远险阻，就很难再攻下他们了。如今陛下派唐俭到那里去和谈，突厥必定放松戒备，我们如果突然发动袭击，就可以平定贼寇，不虚此行，以报皇帝隆恩了。"

李靖听后，握着手腕高兴地说："将军这番话，与当年韩信灭齐的策略不谋而合，有将军这等人才，真乃天助大唐。"

看到李靖支持自己的想法，李勣立刻高兴地说："恳求总管命我为先锋，率军突袭铁山！我必生擒那颉利来见总管。"

不过李靖却摇了摇头说："虽为上策，但这事还是我来吧。"

李勣看到李靖反对自己出击，急忙问："总管何出此言？莫不是信不过李勣？"

李靖说道："老夫深知将军之勇谋已在我之上。李靖一生视功名如粪土，也未曾想和你争此军功，这等安排还是为将军着想啊。"

李勣有些诧异地问："总管何出此言？"

"唐俭是何人，你我心里都清楚，他是太原起兵的从龙功臣，又与陛下私交甚好，资历比你我二人都深得多，这样的人我等本不该得罪。今日我们为大唐日后之安定向突厥发起进攻，不管是输是赢，唐俭都很有可能落得个身首异处的下场，到时候陛下会怎么看？如果这一仗不能取胜，那么违背皇命、作战失利，数罪并罚，主将肯定难逃一死。如果打赢了，如此大胜之下，对于唐俭的死，陛下表面上不会说什么，可是心里一定会记恨，他日就会成为问罪的借口，到时候不知道会有什么样的惩处。"

停顿了一下，李靖接着说道："即使我们胜了，唐俭也侥幸活了，但是我们毕竟让他九死一生，唐俭回朝之后，他对我等岂肯轻饶？以唐俭的势力，到时候不知道有多少明枪暗箭在等着对付我等。我乃行将就木之人，而将军正意气风发，大唐未来的安危还要靠你这等文武双全之人！所以这一仗必须让我领军前去，有什么罪我来担着，出了问题也归咎于李靖一人，你绝对不能去。"

听完李靖的话，李勣明白了李靖的良苦用心，不禁肃然起敬，在李靖身上，他看到了什么叫老成谋国、忠肝义胆，比起李靖，自己差得太远了！于是他拱手而拜："谨遵总管号令！"

接下来，两个人开始商量具体的作战方案，他们最终商量的结果是：李靖率领一万精锐骑兵，带足二十日粮草，由白道出发，袭击铁山，李勣率领其他部队紧随其后作为支援。

这一次李靖把主攻部队由三千骑兵增加到一万人，原因主要有以下几点：

第一，李靖具备了组织万人骑兵部队的实力。在李靖与李勣会师之后，唐军的实力已经大大增强，更重要的是定襄之战中缴获了大量的马匹，这使得唐军的战马供应得到了充分的保障。所以李靖的实力已大为增强。

第二，颉利可汗肯定会对唐军有所防备。定襄一战因为李靖的偷袭，颉利可汗吃了大亏。在侥幸逃到铁山之后，颉利可汗肯定会严加防备，防止唐军再来偷袭。想要再打一次偷袭战难度是很大的，此战很有可能会转变成硬碰硬的遭遇战，因此兵马的数量必须与敌人势均力敌，绝对不能再少。

第三，李靖下定决心要歼灭东突厥余部。前面我们多次提到过，击溃战的效果远不如围歼战，定襄之战就是一次典型的击溃战。之所以这样，最主要的原因就是唐军人数太少，只有三千人，根本无法形成一个有力的包围圈将数万突厥人加以围歼，导致大量突厥人跑掉。铁山之战，李靖想要彻底歼灭颉利可汗的有生力量，虽然这一万兵马仍很勉强做到，但是也能尽量多地歼灭突厥人。

此外李靖提出带二十日粮草也是有依据的，由定襄到铁山直线距离近五百里，考虑到地形因素和躲避敌人的需要，那么实际行军距离接近六百里。此时天气寒冷，行军困难，近六百里至少需要七天，再加上沿途可能遇到的意外情况，二十日粮草刚好可以供大军在定襄和铁山之间走一个来回。

计划已定，李靖和李勣便各自回营，召开战前会议，准备作战。

与李勣分别后，李靖回到军营，当李靖把他的初步设想说出来之后，手下的将领却面面相觑：陛下都已经同意和谈了，我们还发起进攻，这不是抗旨吗？是要丢脑袋的。就连张公瑾也这样认为，他说："陛下既然已经同意突厥人投降了，我们的使臣也已经到了敌营中，这时候进攻恐怕不合规矩，而且势必会置唐俭于险境啊。"

看到连张公瑾也有如此顾虑，李靖只得把话挑明了："这是取胜的最好机会，机不可失，时不再来，韩信当年就是这样灭掉齐国的。如果能为大唐立下万世之功，保一方百姓安定，李靖肝脑涂地在所不辞。相信唐俭也会体谅我等用心，即使为国捐躯亦无所怨言。"

"如果陛下怪罪下来怎么办？"

"我既为三军统帅,所有罪责自然由我承担,你等无须担忧,只管听我的军令,随我前去杀敌立功就是了!各部听令,此次袭击为我军绝密之事,万不可泄露风声。进军之事,莫再多议,若有再议者,以临阵畏敌论处,绝不姑息!"

看到李靖的气势,所有人都明白,已经没有必要多说些什么了,于是开始各自回营备战。他们相信李靖,相信李靖的选择。

踏着即将消融的冰雪,李靖率领万余大唐铁骑踏上征途。

此去,一战封神!

## 第三节 决战铁山

李靖没有猜错,为了防备唐军再次发动偷袭,颉利可汗确实进行了一系列的部署。

作为外围警戒,颉利可汗特意安排了部众驻扎在唐军可能前来的必经之路上,以监视唐军动向。这部分人有一千多帐,一帐相当于一户,也就是说总共有四五千人,战斗人员应该有一千多人。颉利可汗之所以这么安排,是因为他相信就算是唐军实力再强,想要一口吃掉这几千人几乎是不可能的,只要有那么一队人马活下来通风报信,就可以为铁山牙帐传达消息。

能不能顺利解决掉这几千人,是李靖此战能否成功的关键。顺利解决,此战就是奇袭,可以以很少的损失换来巨大的战果;没有顺利解决,此战便是强攻,与对方正面对垒。铁山的突厥军队有数万人,李靖在人数上处于严重的劣势,想要获胜,只有奇袭这一个方法。

颉利可汗的安排,不得不说确实是非常合理的,但是实际上却没有起到作用。这一支突厥部队被唐军全歼了,真的没有一个人能活着跑回去报信,没有起到颉利可汗所期待的预警作用。李靖是怎么做到的呢?史书上没有留下记载,这不得不说是一个很大的遗憾,既然如此重要关键,我们不妨做一番推论。

《孙子兵法》有言:"故用兵之法,十则围之,五则攻之,倍则分之,敌则能战之,少则能逃之,不若则能避之。故小敌之坚,大敌之擒也。"此战李靖只带了一万人,数量只是对手的两倍左右,想要发起严密的围歼战,人数是远远不够的。突厥骑兵机动性极强,一旦唐军的包围网稍有疏漏,那么难保不会跑回去几个人报信。因此,想要通过强攻的方式实现不落地全部消灭这几千突厥人,是几乎不可能的事情。

想要实现无一漏网,那么只有一个方式,就是让他们投降,只有这些突厥人大部分都不想跑,才便于对其进行严密的控制。李靖应该是延续了自己之前分化瓦解的策略,派人向这些突厥人晓以祸福,让他们明白大厦将倾,独木难支,如今唐军势如破竹,不要为颉利可汗陪葬,同时向他们阐明了唐军的优待政策。在这个过程中,之前被李靖策反的颉利可汗近臣康苏密有可能起到了很大作用,因为他对东突厥的内部情况非常熟悉。我们猜测李靖的这一策略取得了成功,这些突厥斥候慑服于唐军强大的实力,立即向唐军投降。《旧唐书·李靖传》记载,李靖"督军疾进,师至阴山,遇其斥候千余帐,皆俘以随军"。这就表明这个过程中并没有发生大规模战斗,唐军兵不血刃地收服了这千余帐士兵。

不过在成功招降了这些突厥人之后,李靖为什么要"皆俘以随军"呢?这一千多帐突厥人并不都是战斗人员,必然包含了大量老弱之人,带着他们只会拖累唐军的行军速度,但是李靖依然带着他们一起走,主要是因为不能把他们扔在后面。李靖当然可以派少数人把这些突厥人押送后方,但是这样一来必然会出现管理漏洞。一旦有几个人生了异心,那么完全有机会逃回去报信,之前的努力便付诸东流了,所以必须把他们留在军中,带在身边,这样才能严密看管。另外这些突厥人有可能答应做唐军的向导,为唐军提供协助,所以李靖才会带着他们。

在解决掉了作为外围警戒的这几千突厥人的问题之后,李靖大军继续前进。他很快就到了离铁山只有几十里的地方。此时在铁山牙帐的颉利可汗没有收到任何唐军逼近的消息,依然沉浸在和唐俭宴会的欢快氛围之中,丝毫没有意识到自己的末日即将来临。

进行偷袭,只要成功隐蔽地接近敌人,那么实际上就已经成功一大半了。眼看着胜利将近,李靖命令全军休整一夜,第二天早晨再发起进攻。这次之所以改成白天进攻,而不像定襄之战那样在晚上,是因为晚上作战看不清人影,唐军根本没法对逃跑的突厥人进行有效的堵截,根本无法达到围歼敌人的效果。所以,李靖决定把这次进攻的时间改成白天,他要力争彻底消灭敌人。

第二天早晨，李靖醒得比谁都早，他走出营帐，但是他并没有看见早晨的朝阳，四下白茫茫一片，什么都看不见……

大雾！是大雾！

天助我也！天佑大唐！

李靖不禁大喜。他立刻召集众将，他要充分利用这一天赐良机，制定进攻方略。李靖决定再稍等一下发起进攻，他要选择一个最佳的进攻时机——那就是大雾将散未散时，这样可以利用大雾隐蔽地接近敌人，进一步压缩敌人的反应时间，同时在开始交战之后，大雾就会逐渐散去，可以保证己方军队有良好的视野与敌军作战。计划已定，李靖命令匡道府折冲苏定方率领两百骑兵为先锋，直冲颉利可汗牙帐，自己率领大军跟进。

苏定方，生于592年，自幼就骁勇无比，胆气超群，是当世猛将。不过苏定方长期以来都处在唐军的对立面，隋朝末年他投奔窦建德，窦建德失败后他又跟随窦建德的部将刘黑闼，始终与唐军为敌。在刘黑闼兵败被杀后，苏定方回到家乡，不为唐朝效力。直到贞观初年，苏定方才重新出仕，担任匡道府折冲。李靖看重苏定方身上的勇武之气，所以任命他为先锋。

此次进攻还有一个很值得关注的地方，按照《新唐书·苏定方传》的记载，此战苏定方是"率彀马二百为前锋"。所谓"彀马"，就是持弓弩的骑兵。这点与骑兵作战的常理不大相符。在骑兵作战中，担任前锋任务的骑兵一般是身披重甲、手持长柄武器的冲击型重骑兵，利用自身强大的近战能力在敌人的阵形上撕开口子，而弓骑兵作为轻骑兵，基本都是承担袭扰、追击等任务。

那么李靖为什么要做出这样一个不符合常理的安排呢？因为他对瞬息万变的战场局势的独到分析和作为统帅的那份自信。在李靖看来，当时的突厥人疏于防备，军营里到处都是缺口，不需要重骑兵的冲击就可以直接攻入敌军内部。更重要的是，李靖希望这支弓骑兵部队能够在最短的时间内斩首颉利可汗，实现"擒贼先擒王"。唐军攻入突厥军营内，颉利可汗必定会像在定襄时那样率领亲兵逃跑，届时如果由近战骑兵追击，颉利可汗的亲兵必然会殊死抵挡，很有可能又让颉利可汗跑掉。所以，李靖才会让具备远距离作战能力的弓骑兵冲在最前面，争取在第一时间内实现对颉利可汗的一击必杀。

由此可见，在李靖的心里早就已经认定，这就是最后一战，绝对不可以让东突厥有死灰复燃的机会！

贞观四年（630年）二月初九的早晨，苏定方跨上战马，率领两百名骑兵发起冲锋。他们一直冲到距离突厥人营地只有七里的地方，才被在外围的突厥士兵发现。"唐军来了！"一时之间喊叫声大作，可是由于在雾气之中看不清周围的具体情形，突厥军队的营地陷入了一片混乱。不过就算是没有大雾也来不及了，因为这么短的距离，战马只需要几分钟就可以冲到眼前，颉利可汗的军队已经没有任何反应的时间了。

李靖计算的冲锋发起时间完全正确，当苏定方等人冲到距离颉利可汗牙帐只有一里地的时候，雾气开始消散，偌大的可汗牙帐赫然出现在苏定方的面前，牙帐顶上飘着的是象征突厥最高权力的狼头纛！看到这个场景，苏定方感到血气上涌，立即下令不要理会突厥士兵的阻拦，直取颉利可汗的牙帐！

敌人的心脏就在眼前，这个时候已经不需要什么慷慨激昂的战场动员了，两百名大唐骑兵已经杀红了眼，奋不顾身地向前杀去。守卫牙帐的突厥士兵殊死抵挡，但是很快就被唐军士兵砍倒在地，牙帐的前面已经伏尸近百。

此时颉利可汗刚刚从睡梦中醒来，睡眼惺忪，昨晚与唐俭把酒言欢，现在还有点宿醉未醒。颉利可汗还在纳闷外面在喊什么，这时一名下属像丢了魂一样，顾不得任何礼仪，冲进牙帐喊道："启禀可汗，是唐军！唐军杀过来了！"听到这句话，颉利可汗被吓得汗毛倒竖：唐朝不是已经派唐俭来和谈了吗？怎么还会派人来进攻呢？

颉利可汗的第一想法是：肯定是唐朝获知自己不是真心归降，于是将计就计，故意派唐俭来和谈，从而麻痹自己，然后趁机派兵偷袭。自己的如意算盘竟然被完全看穿了，可恶，实在是可恶！唐俭、李世民、李靖实在是太过阴险了。颉利可汗怒火中烧，立刻下令："把唐俭一干前来议和人等立刻抓起来诛杀！"

"可汗，先别管唐俭他们了，还是尽快撤离此处，再不走就来不及了！"

看到颉利可汗站着不动，几名下属立刻连推带拉地把颉利可汗推出牙帐，扶他骑上宝马良驹，然后护卫着他迅速逃走。

看到一群人离开牙帐骑马逃走，奉李靖将命直取牙帐的苏定方意识到这其中肯定有颉利可汗，于是不再理会其他突厥士兵，立刻快马加鞭追了上去。苏定方等人边追边弯弓搭箭,只见一支支利箭破空而出,向颉利可汗等人飞去,跑在后面的几名突厥士兵应弦而倒。苏定方等人不敢停歇,边追击边射箭。

但是颉利可汗的千里马实在是跑得太快了,唐军的战马在之前的冲锋中已经快速奔袭了几十里地,这时候在体力上也比不上对方的马匹。眼看着颉利可汗等人越跑越远,苏定方知道已经追不上了,他气得捶胸顿足,只能无奈地掉转马头返回铁山。

此时的铁山大营内已经乱作一团。先是遭到唐军突袭,而后颉利可汗逃走,这对于士气的打击是致命的,营内残部再也无法进行有组织的抵抗,所有零星的反抗全部都被唐军凶猛地扑灭。在正面进攻的同时,李靖还派兵进行侧面的迂回包抄,他要尽可能多地消灭突厥士兵。突厥士兵既无力反抗,又没法逃走,只能放下武器,束手就擒。

铁山逐渐恢复平静,唐军士兵开始忙于押解俘虏,整理缴获的牲畜和物资。一名下属将这一仗的战果汇总,然后交给李靖。李靖接过来一看,连他自己都感到震惊,因为此战唐军取得了在和突厥军队作战的历史上的空前胜利:斩首万余级,俘虏十余万。虽然美中不足的是没有抓到颉利可汗,但是如此辉煌的战绩,足够彻底碾碎突厥,让他们再也无法翻身了。

在唐军的俘虏名单中,有一个人很特殊,他就是隋朝的义成公主。而对她,一向宽待俘虏的李靖却没有表现出丝毫的怜悯,他直接下令把义成公主斩首。李靖之所以要杀义成公主,是因为义成公主有感于隋朝亡国之痛,一直在给颉利可汗吹枕边风,怂恿颉利可汗进攻唐朝，是东突厥内部反唐势力的重要后台，所以李靖把义成公主斩杀，以儆效尤，震慑东突厥内部的反唐势力。

在取胜之后，李靖命令向朝廷发送露布捷报，就是把捷报写在旗帜上，由士兵举着旗帜向朝廷传递消息，所经之处大肆宣扬，以彰显战胜之功。九天之后，捷报传到长安，李世民大喜过望，激动地说："朕听说主忧臣辱，主辱臣死。之前国家刚刚建立，太上皇因为爱惜百姓，不得不对突厥隐忍，朕一直对此感到痛心疾首，于是立志消灭敌人。几年来朕为此坐不安席，食不甘味。今天稍稍动用军队，就取得如此大胜，足够一雪前耻了！"

激动之余，李世民下令大赦天下，"酺五日"。唐代法律规定禁止无故聚众饮酒，当朝廷有重大喜事的时候，皇帝就会下旨恩典，允许民众不问理由随意聚众饮酒，这就是"酺"。"酺五日"，指的就是五日之内允许随意饮酒。既大赦天下，又"酺五日"，可见当时朝野上下听到这个消息是何等欣喜若狂了。

## 第四节　生擒颉利

再说另一端的颉利可汗，他决定向北逃去。

他一路逃亡，同时在沿途中不断汇集逃散的部众，逐渐又聚集起了数万人，但战力已大不如前。此时下属都建议向西遁逃，因为北面是大漠，漠北又有铁勒人叛乱，而西面还有不少突厥部众，去那里还可以重新整顿人马，再图后举。但是颉利可汗拒绝了这个建议，因为西面李道宗已经率领灵州唐军北上，向西很有可能碰到唐军。他宁愿在冬天的大漠里冻死饿死，甚至宁愿逃到漠北后被铁勒人俘虏，他也不愿意被唐军俘虏。

四年前他攻到了渭水，李世民肯定耿耿于怀，如果自己被唐军俘虏，那么李世民肯定会用尽所有手段折辱自己，到时候自己会生不如死。

四年前自己是何等强盛，现在却沦落到如此地步，如果落到唐军手里，即使李世民能饶了自己，自己在李世民面前能抬得起头来吗？

所以还是向北逃吧！于是颉利可汗率众向碛口进发，那里是通向漠北的必经之路。

但是当颉利可汗率众到达碛口的时候，出现在他们面前的并不是一条通往漠北的生路，而是新的敌人——李勣已经率军在这里恭候多时了。

在与李靖分开后，李勣并没有机械地跟在李靖后面，他没有忘记自己此次进军的主要任务——截断颉利可汗北逃的道路。于是他调遣一部分骑兵前往协助李靖，自己率领麾下剩余的骑兵向碛口进发，最终赶在颉利可汗之前到达碛口，截住了突厥士兵北逃的通道。

看到眼前的唐军，突厥士兵那仅存的斗志几乎瞬间崩溃。虽然他们还有几万人，但是经过铁山的大溃败，他们都如同惊弓之鸟，惊魂未定，再也不能承受任何的意外和挫折了。先败于定襄，又败于白道，再败于铁山，唐军仿佛不可战胜。面对这可怕的对手，恐惧的情绪如同瘟疫般迅速蔓延，最初只是几个疲惫不堪的突厥士兵表示无力再战，跪地投降，很快就有成百上千的人扔下了武器。颉利可汗知道大局已经无可挽回，于是只得再一次扔下部众逃走。

几乎没有经过什么大的战斗，李勣就俘虏了突厥五万余人，颉利可汗的最后一点儿家底也输干净了。李勣心中暗喜：这胜利来得也太容易了，看来李靖老将军在铁山那边进展顺利，已经将他们吓破了胆。

颉利可汗的千里马再次救了他，他又一次逃出生天，但是追随他的只剩下了几百人。他再也不敢向北走了，只能向西逃，寄希望于天神保佑自己不要碰到唐军。颉利可汗打算先到汗国的西部地区落脚，然后再逃往吐谷浑，彻底摆脱唐军的围追堵截。

统治汗国西部地区的是突厥首领汗阿史那苏尼失，他的统治范围在灵州以西和灵州以北地区，部众有五万余帐，实力还是很强大的。就在颉利可汗内外交困、叛乱不断的时候，阿史那苏尼失始终没有背叛颉利可汗，这是非常难得的。但是在李靖进攻颉利可汗的同时，李道宗也率军向阿史那苏尼失发动了大规模进攻，阿史那苏尼失大败。颉利可汗败了，自己也败了，他不得不认真考虑接下来怎么办，要不要像突利可汗那样向唐军投降，以换取一条生路。

此时，颉利可汗前来投靠，对于阿史那苏尼失来讲，他无疑是一个烫手山芋。如果收留颉利可汗，那么唐军估计很快就会追过来，到时候自己也要给颉利可汗陪葬。如果放颉利可汗去吐谷浑，那么唐军也很快就会知道，必定认为自己与颉利可汗站在一边，到时也难逃惩罚。看来只能把颉利可汗交给唐军了，但是他仍在犹豫是否该这么做。阿史那苏尼失陷入了难以抉择的纠结之中。

就在阿史那苏尼失还在纠结的时候，突然一名部下前来报告："李道宗派遣行军副总管张宝相率军进逼，要求我们交出颉利可汗！"这个消息让阿史那苏尼失震惊了：对于颉利可汗到来的消息，自己已经下令严格保密了，唐军怎么这么快就知道了？唯一的解释就是，自己的下属中已经有很多人私通唐军，唐军的情报系统已经把自己的部落渗透成筛子了。如果自己再抵抗下去，估计就会有人砍了自己的头，送给唐军领赏了。

无奈之下，为了自己和部落的生存，阿史那苏尼失决定：只能交出颉利可汗了！

大概突厥军队中还是有一些颉利可汗的死忠之士的，阿史那苏尼失要背叛颉利可汗的消息很快就走漏了，颉利可汗赶紧率领几名随从再次连夜出逃。这可急坏了阿史那苏尼失，如果让李道宗得知，肯定会觉得自己出尔反尔，故意放走了颉利可汗，到时候唐军进攻自己便有了名正言顺的理由。由于担心其他部下有可能故意放走颉利可汗，阿史那苏尼失派自己的儿子率军去搜捕，终于在一处山谷中抓获颉利可汗。

贞观四年（630年）三月十五日，阿史那苏尼失正式向唐朝投降，并把颉利可汗交给了大同道行军副总管张宝相。至此，东突厥汗国灭亡，唐军取得了完全胜利，唐朝获得了对整个漠南地区的统治权。

经此一战,唐朝周边的各民族纷纷向唐朝俯首称臣,他们共同向皇帝李世民上尊号,尊称其为"天可汗",李世民表示接受,随后在给西北各部落下的诏书中,都自称"天可汗"。

四月初,颉利可汗被押送至长安。时隔四年再一次看到长安城巍峨的城楼,颉利可汗感觉恍如隔世:四年前,自己是盛气凌人的突厥可汗;四年后,自己是任人宰割的阶下囚。为什么这么短的时间,自己就落得如此下场!愤怒、悲伤、不甘、落寞、恐惧、迷茫,各种情绪瞬间涌上心头,颉利可汗不禁泪流满面。

四月初三,李世民在大行宫顺天楼举行了隆重的献俘仪式,仪式的主角自然是颉利可汗。时隔四年两人再次相见,李世民也是感慨万千。自己始终相信能够获得胜利,但是没想到胜利来得这么快,来得这么辉煌,这是上天的恩赐,是列祖列宗保佑,是唐军将士殊死搏杀换来的!

想到这里,李世民开始历数颉利可汗的罪行:"汝藉父兄之业,纵淫虐以取亡,罪一也;数与我盟而背之,二也;恃强好战,暴骨如莽,三也;蹂我稼穑,掠我子女,四也;我宥汝罪,存汝社稷,而迁延不来,五也。"[1]他细数了颉利可汗的五大罪行:凭借着父兄留下的基业,放纵荒淫,自取灭亡,这是第一罪;先和大唐结盟,后来背弃,这是第二罪;恃强好战,导致死伤无数,这是第三罪;毁坏大唐的庄稼,掠夺大唐的子民,这是

---

[1] [宋]司马光:《资治通鉴》卷一九三《唐纪·九》,中华书局2011年版。

第四罪；我宽恕了你的罪过，保留了你的社稷，但是你却始终不来入朝归顺，这是第五罪。

在一口气说了颉利可汗五桩大罪之后，李世民缓了口气，接着说："然自便桥以来，不复大入为寇，以是得不死耳。"李世民接着补充了颉利可汗做得比较好的一点，那就是自从便桥之盟后，他就再也没有大规模入侵过，还算是守约。李世民不仅没有杀颉利可汗，还把他送到太仆寺，赐予他丰厚的衣食，充分展示了自己博大的胸襟。

这场胜利也让已经身为太上皇的李渊非常高兴。虽然李世民杀兄夺位让李渊非常不满，但是对于自己的后代能获得消灭东突厥这样的巨大胜利，李渊却是发自内心地高兴，也长舒了一口气。当初自己向突厥卑辞厚礼，俯首称臣，受尽各种屈辱，现在李世民继位不到四年，就一雪前耻，做到了自己当初想都不敢想的事情，真是令人震撼。于是在凌烟阁，李渊召集李世民及大臣、王爷、妃子们置酒高会。根据《资治通鉴》记载，当晚"酒酣，上皇自弹琵琶，上起舞，公卿迭起为寿，逮夜而罢"。也就是说，李渊高兴得亲自弹起了琵琶，李世民也站起来跳舞，众人都起来相贺，一直玩乐到半夜才结束。

就在长安城沉浸在胜利的喜悦中的时候，此战立下首功的李靖却还闲不下来，他正忙于打扫战场，重新整顿突厥的内部秩序。几场战斗下来，唐军一共俘虏了几十万突厥士兵，处理好这么庞大的俘虏数量，使其内部恢复正常秩序，是个巨大的挑战，李靖为此忙了两个多月。

在整顿突厥事务的同时,李靖来到了阴山脚下的西汉受降城遗址,这座城始建于西汉太初元年(前104年),是当年投降西汉的匈奴人居住的地方。在这里李靖举行了隆重的祭典:他先是祭祀天地,感谢上苍庇佑,让唐军取得如此大胜;而后他又祭奠了牺牲的唐军将士,他们还如此年轻,却为国家血洒异域,没有他们的牺牲,就没有今后的太平盛世。

祭典结束后,李靖一个人骑着马,慢慢地走在草原上。此时已经到了春天,冰雪消融,草木萌生,万物复苏,春山可望。李靖还是第一次来到塞外草原,看着眼前的美景,李靖不禁陶醉了——不仅仅是因为这美景,更重要的是,这已经是属于大唐的美景!

此时,李勣骑马来到了李靖身边,对李靖说:"总管记得后汉勒石燕然的故事吗?"

李靖点点头。东汉永元元年(89年),大将军窦宪率军出击北匈奴,深入瀚海沙漠三千里,大胜而还,班师途中在燕然山刻石记功。由此,霍去病封狼居胥和窦宪勒石燕然,成为国家强盛的象征,也成为历代武将毕生的追求。

"今日我军取得空前大胜,我们要不要仿效窦宪,在这阴山之上刻石记功?"

听了李勣的建议,李靖大笑道:"将军可知道窦宪刻在燕然山上的铭文《勒燕然山铭》是谁写的吗?那可出自班固之手。刻石记功,那是要传之万世的,写好了会流芳千古,写不好那可就贻笑大方了。将军觉得军中可有人文笔堪比班固吗?"

李勣想了想,无奈地摇摇头说道:"如果早想到有这事,总管该带着岑文本①出征的。有他在，定可以留下传颂千古的名篇。"

李靖自然也想过刻石记功之事，但是写什么呢？每当提起笔，万千思绪涌上心头，最后总是一个字也写不出来。自己实在是想不出合适的文字，来配得上这宏大的胜利之景。

想到这里，李靖对李勣说："将军不必觉得遗憾，虽然不能刻石记功，但是我们今日的功绩，必然足以垂于竹帛，传之万世了！"

李勣会心一笑，点头同意。

颉利可汗作为亡国之君，虽然李世民饶他不死，可是也不可能放他回草原，颉利可汗被留在了长安。李世民怜惜他，任命他为虢州刺史，因为虢州靠山，多獐鹿等野兽，可以射猎自娱。颉利可汗推辞不去。于是李世民又任命他为右卫大将军，赐给他良田美宅。贞观八年（634年），太上皇李渊在未央宫设宴，李世民和朝廷三品以上官员都参加。宴会上，李渊让颉利可汗跳舞助兴，又让南越酋长冯智戴赋诗，李渊带有几分羞辱意味地笑着说："胡、越一家，自古未之有也！"李渊是高兴了，可是颉利可汗越想越气：自己曾经是高高在上的突厥可汗，结果却沦为在宴会上助兴的舞伎，这真是奇耻大辱！

此后不久，颉利可汗抑郁而终，李世民追赠其为归义王，谥

---

① 岑文本，生于595年，早年在萧铣麾下效力。李靖灭萧铣后，岑文本到长安任职。岑文本聪慧敏捷，博通经史，文笔优美，名震长安。岑文本得到李世民赏识，专门撰写诏书，掌管机密文件，后官至中书令。

号荒,按照突厥人的礼节将其火化,葬于灞水之东。按照中国古代谥法:"凶年无谷曰荒;外内从乱曰荒;好乐怠政曰荒;昏乱纪度曰荒;从乐不反曰荒;狎侮五常曰荒。"颉利可汗死后获得"荒"这个谥号,倒也恰当。

突利可汗在贞观五年(631年)入朝途中行至并州时病逝,时年二十九岁。唐太宗为其举行了盛大的葬礼,诏令岑文本为其墓刻写碑文,由其子贺逻鹘继任其位。

阿史那苏尼失在献出颉利可汗归降后,李世民对其赏赐丰厚,任命其为北宁州都督、右卫大将军,封怀德郡王。阿史那苏尼失于贞观八年(634年)去世。

薛延陀首领夷男趁着东突厥灭亡之机,迅速扩大势力,号称有精兵二十万,越过大漠南下,占据了大部分原东突厥的地盘,进入了全盛时期。薛延陀的变强,不可避免地会和唐朝发生矛盾,最终双方兵戎相见。贞观十五年(641年)十一月,李勣率军大败薛延陀,夷男惶恐之下求和。贞观十九年(645年),夷男去世,薛延陀爆发内乱,李世民决心彻底消灭薛延陀。贞观二十年(646年)六月,李勣再次率军进攻薛延陀,唐军大胜,薛延陀灭亡。

至于西突厥,因为与唐朝距离遥远,所以在唐太宗李世民时期,一直和唐朝维持和平的局面。但是到了唐高宗李治时期,随着唐朝在西域的影响力日益扩大,唐朝和西突厥之间的矛盾开始愈演愈烈。唐高宗显庆二年(657年)春,李治派大军征讨西突厥,主帅就是曾参加铁山决战的苏定方。苏定方首战大败西突厥可汗贺鲁，随后率军追击。当时天下大雪，众将要求雪停以后进兵。苏定方认为正可趁大雪，攻敌不备，于是唐军冒雪昼夜兼程前进，攻破贺鲁牙帐，俘敌数万人。苏定方率军继续追击，一直追到今吉尔吉斯斯坦境内，彻底灭亡西突厥，得胜而归。苏定方此战，可谓有李靖遗风。

# 第六章 出将入相

## 第一节 小人构陷

贞观四年(630年)五月,刚刚擒获颉利可汗、解决大唐北境隐患的兵部尚书、定襄道行军总管、代国公李靖返回长安,但是迎接他的却不是胜利的庆典,而是弹劾的奏章。

关于此事,史书中的记载有所不同:

《旧唐书·李靖传》的记载是:御史大夫温彦博害其功,谮靖军无纲纪,致令虏中奇宝,散于乱兵之手。

《新唐书·李靖传》的记载是:御史大夫萧瑀劾靖持军无律,纵士大掠,散失奇宝。

《资治通鉴》的记载是:御史大夫萧瑀劾奏李靖破颉利牙帐,御军无法,突厥珍物,虏掠俱尽,请付法司推科。

三部书记载的弹劾李靖的人分别是萧瑀和温彦博。关于这一不同，司马光在《资治通鉴》中特意说明了这一情况：因为温彦博已经于二月份升任中书令，萧瑀继任为御史大夫，三月份才擒获颉利可汗，五月份李靖才回到长安，所以《资治通鉴》中采纳了《新唐书·李靖传》的说法，认为五月份弹劾李靖的人应该是萧瑀。

虽然弹劾之人不同，但所说的事情是一样的，是弹劾李靖在消灭东突厥的过程中存在纵容所部士兵掠夺并私分战利品的行为。

萧瑀，出身南梁萧氏皇族，祖父是西梁宣帝萧詧，父亲是西梁明帝萧岿。西梁灭亡后，萧瑀跟随姐姐来到长安，姐姐嫁给晋王杨广，成为萧妃。后来杨广继位为帝，萧妃升格为皇后，萧瑀也迅速得到杨广重用，进入中枢，参与国家决策。

李渊建立唐朝后，萧瑀选择为唐朝效力，得到李渊的重用，李渊封其为宋国公，任命其为民部尚书（即户部尚书）。李渊将萧瑀作为心腹，凡是军国大事都要和萧瑀商量后才决定。唐朝国家制度的确立和完善的过程中，萧瑀功劳甚大。玄武门之变后，李世民继位，李渊退位当起太上皇，前朝宰相只有萧瑀一人还留在权力中心，先后担任尚书左仆射、御史大夫等职务。

首先，萧瑀弹劾李靖，应该和李靖杀义成公主有关。

大业十一年（615年）八月雁门之围时，萧瑀也和隋炀帝杨广一起被围在雁门。他向杨广献策："始毕可汗假称打猎来到雁门，义成公主并不知道他是来攻打我们的。按照游牧民族的习俗，可汗的妻子是可以参与军国大事的，汉朝时汉高祖遭遇白登之围，最终通过贿赂匈奴单于的妻子才得以逃脱。义成公主在突厥孤身一人，能不能生活得好，靠的就是大国的支援。所以我们应该派人去告诉义成公主此事，希望她能从中发挥作用，帮我们解围。"于是，杨广就派人联络义成公主。据说就是因为义成公主假称北方有人叛乱，始毕可汗这才退兵，雁门之围得以解除。

萧瑀的姐姐萧皇后和杨政道流落在突厥十年，之所以能够安稳生活，有赖于义成公主的庇护。所以，萧皇后对于义成公主非常感激。

义成公主对萧瑀个人有恩，对萧瑀的姐姐萧皇后和杨政道也有恩，所以萧瑀必定对义成公主十分感激。听闻义成公主被李靖杀了，萧瑀肯定会对李靖心生恨意。

其次，萧瑀弹劾李靖，很有可能和唐俭有关。

李靖违背诏令偷袭铁山，将唐俭置于不顾。史书中并没有记载唐俭是怎么脱险的，但是这个过程肯定惊险无比，又狼狈至极。让一个养尊处优，又和皇帝颇有交情的朝廷大员遭遇如此无妄之灾，又被抢去了和谈的功劳，这绝对是奇耻大辱。当捷报传来的时候，唐朝举国上下都很高兴，唯独唐俭一个人开心不起来，所以唐俭对李靖的记恨，是无须多言的。

可是李靖此战毕竟立下盖世之功，李世民极为开心。如果这个时候唐俭向李世民哭诉李靖此举险些让他丧命，那么李世民肯定不会处罚李靖，反而会因此对自己产生厌恶。因为李世民是一代明君，他深刻明白带兵作战的艰难，他不会为一个人的生死而无视李靖等万千大唐将士的奋战。如果因为唐俭遇险而处罚李靖，那么三军将士都会愤怒，大唐民众也绝不会答应。

所以李世民只会对唐俭好言抚慰，然后给予一定的补偿，但绝不会处罚李靖。

不仅李世民不能拿唐俭遇险的事处罚李靖，甚至唐俭自己都不方便公开批评李靖。因为现在大家都知道李靖抗命进攻让唐俭遇险，所以一旦唐俭公开弹劾李靖，所有人都会觉得唐俭心胸狭隘，目无国家社稷，无视大局，公报私仇。如果唐俭想发泄不满，那就只能找别人，所以唐俭有可能找了萧瑀。

关于唐俭和萧瑀的关系，历史上曾经有这样一件事。贞观元年，唐俭奉命出使突厥，萧瑀委托唐俭带一封书信给流落在突厥的姐姐萧皇后。那时萧瑀是尚书右仆射，而突厥是大唐最大的敌人，这种行为可以定义为通敌，而唐俭则是中间人。这对于唐俭和萧瑀都是有极大风险的，极有可能毁掉一个人的政治生命，但是唐俭依然答应了。后来此事被告发，萧瑀果然被撤职，在查明书信只是普通家信后，萧瑀又恢复了职务。通过这件事情可以看出，萧瑀和唐俭的关系绝对不一般。

所以，萧瑀弹劾李靖一事，有可能是唐俭怂恿的，也有可能是萧瑀为唐俭的遭遇抱不平。

通过以上的分析，我们就可以明白为什么萧瑀要弹劾李靖。但是萧瑀的弹劾风险是很高的，因为李靖刚刚打了大胜仗，是举国皆知的英雄，是李世民面前的大红人，搞不好弹劾不成还要被李世民训斥一顿。所以，萧瑀必须在弹劾的理由上下一番功夫。

萧瑀弹劾李靖的理由是管束不严，纵容士兵抢掠，导致突厥珍宝被抢掠一空，给国家造成了巨大的损失。用这个理由来弹劾李靖有两点好处：

第一，光明正大。或许是因为玄武门之变造成的负面影响太深，所以李世民继位以来一直很注意维护自己的明君形象，在讨伐突厥的时候，李世民也一直以"王师伐罪"的旗号进军。对于突厥人的财物，大唐皇帝是可以不做计较的，但是唐军王者之师的形象，却必须重视。如果李靖的军中出现了目无军纪、抢掠财物的现象，这对于唐军的形象是极大的损害，这必然会引起皇帝的重视。

第二，李靖很难辩解清楚。在中国古代，在战场上士兵私吞战利品是再正常不过的事情，无非就是纪律严明的军队程度轻些而已。唐朝初年实行的府兵制其实更容易引发士兵私吞战利品的行为，因为在府兵制下，士兵是没有军饷的。简单来说，府兵制是一种寓兵于农、兵农合一的制度，士兵农忙时种地，农闲时练兵。士兵所在的家庭是军户，成为军户之后全家人都可以免除徭役和赋税，但是代价就是士兵在服兵役期间所需要的粮食、服装等都要自己携带。国家为士兵提供的，是个人无法准备的武器、铠甲、战马等，而且是不给士兵发军饷的。此外，唐军内部还经常发生军官克扣、勒索士兵所携带的粮食钱财等现象，导致很多士兵生活困难，这就很容易导致部分士兵在战场上私吞战利品，以求生存。

除此之外，突厥人究竟有多少财物，别说唐军士兵，就是颉利可汗本人估计都说不清楚。即使是李靖把所有的战利品全部上缴，依然难以证明突厥人的宝物没有遗失。所以李靖根本没法为自己辩解。

由此可以看出,萧瑀对于李靖的弹劾是很阴狠的,即使李靖不会因为弹劾受到实际的处罚,也足够杀一杀李靖的威风。

在接到萧瑀的弹劾奏章之后,李世民立即把李靖叫过来,对李靖进行了斥责,李靖没有做任何的辩解,只是一个劲儿地叩首谢罪。过了好久,李世民对李靖说:"隋将史万岁破达头可汗,有功不赏,以罪致戮。朕则不然,当赦公之罪,录公之勋。"①

这里李世民提到的史万岁是隋朝名将。开皇三年(583年),史万岁大败突厥。开皇九年,史万岁参与隋灭陈之战,平定江南叛乱。他身先士卒,善抚部下,南征北战,屡建战功。但是,史万岁的战功遭到了朝廷重臣杨素的嫉妒。杨素在隋文帝面前屡次进谗言,并且隐瞒了史万岁的功劳,不予褒奖。在杨素的谗言下,史万岁最终被隋文帝处死。

李世民并没有重蹈隋朝的覆辙,他虽然批评了李靖治军的问题,但是仍然毫不吝啬地封赐了李靖。他下诏加封李靖为左光禄大夫,赐绢千匹,增加食实封一百户,连同之前的四百户,一共达到五百户。不久,李世民又对李靖说:"前有人谗公,今朕意已悟,公勿以为怀。"②他甚至安慰了李靖,告诉他自己已经明白了真相,请李靖不要记挂此事,接着又赐予了李靖绢两千匹。

唐代的官制比较复杂,简单来说分为职事官、勋官和散官。

---

① [后晋]刘昫:《旧唐书》卷六七《李靖列传》,中华书局1975年版。
② 同①。

职事官指的就是实际承担的职务，李靖担任的兵部尚书就是职事官。勋官是一种荣誉性称号，李靖之前被授予的"上柱国"就是勋官。散官是表示官员等级的称号，它是相对于职事官而言的。职事官都是有具体职掌的官职，而散官并没有相应的职事，仅仅作为一种象征个人等级的称号。

在唐代，散官又分为文散官和武散官。从一品，文散官为开府仪同三司、左光禄大夫，武散官为骠骑大将军；正二品，文散官为特进、右光禄大夫；武散官为辅国大将军。依次类推，不同的品级都有对应的不同的文散官和武散官的头衔。李靖此次获得的左光禄大夫属于文散官从一品，是最高级别的文散官头衔。

李靖明明是武将，为什么李世民要赐予他文散官所属的头衔，而不是武散官呢？一个词可以很好地解释这个封赐——"出将入相"。在李世民的心中，此番平定突厥之后，已无大战，李靖应担任宰辅重位，承担起治理国家的重任。大规模的战争总会结束，而治理国家是一项长久的事情。李世民深知李靖上马可领兵，下马可治民，是一个难得的文武兼备的人才，这样的人才是绝对要人尽其才的。如今天下初定，还有许多地方需要这样一位德高望重、深谋远虑的人才。正因如此，李世民才会赐予李靖文散官的头衔。

萧瑀弹劾李靖的事件就这样结束了，最终的结局是李靖虽然被李世民训斥了一顿，但是该有的封赏并没有少。这应该也在萧瑀的意料之中，毕竟想凭借一封弹劾奏章就扳倒威震天下的大将军，这是根本不可能的，不过刁难李靖的目的是达到了。

有人说这次弹劾事件是李世民授意萧瑀做的，因为李靖功高震主，所以李世民想敲打一下李靖，让李靖不要得意忘形。对此我们认为，李世民借机敲打一下李靖的想法，可能是有的，但是授意萧瑀去弹劾李靖，应该不可信。因为萧瑀是李渊时代的老臣，李世民并不信任他，而萧瑀对李世民也很难谈得上忠心耿耿。所以即使李世民想找人弹劾李靖，也不可能找萧瑀。

之所以说李世民想借机敲打一下李靖，原因主要有以下两点：

首先，从李世民的处理方式可以看出。对于萧瑀的奏折，李世民其实完全可以放着不理会。李世民如果这么做，那就是向萧瑀和朝中大臣表明一个态度：萧瑀所说的事情即使是真的，自己也不在乎，无条件地相信李靖。如果有其他人还继续上奏折，想以此事打压李靖，那就是在公然和皇帝对着干。但是李世民理会了萧瑀的奏折，作为一名能征善战的将领，李世民又怎么会不懂士兵抢掠之事在所难免呢？而他借着萧瑀的弹劾批评了李靖一通，这就表明李世民没有故意袒护李靖的想法，他确实是想敲打一下李靖。

其次，李世民觉得有敲打一下李靖的必要。李世民之所以这么做，绝对不是因为李靖纵兵抢掠，主要还是因为李靖抗命不遵。李靖的突袭行为，虽然获得了胜利，但是也诠释了什么叫做"将在外君命有所不受"，这是让皇帝不放心的。

李世民已征战数十年，应该会明白李靖的做法是对的，他事后应该也会反思自己和谈的策略是不是正确。但是对于这种抗命行事的风气，是绝对不能姑息的。如果对于李靖今日的抗命行为，皇帝一点批评都没有，那么君主的威严何在？今后在战场上将军就有了更充分的理由抗命不遵，那岂不是混乱不堪。而如果对李靖进行严厉的处罚，那么今后就别指望将军们在战场有什么主观能动性了，临阵应变是军事指挥者最重要的智慧之一，如果树立"违令者斩"的风气，那所有人都会畏首畏尾，患得患失，只能听命令打仗了。

所以怎么处理李靖的行为，如何把握好中间的这个度，是非常考验李世民作为皇帝的统治智慧的。最终李世民的做法就是封赏照旧，但是言语上敲打一下，借以敲山震虎，警示全军。

由此，在此次弹劾案中，李世民的行为也就完全可以理解了。

关于唐俭的问题，多年后李世民曾经就此事问过李靖。李世民问："昔日唐俭出使东突厥，你趁机进攻，世人都说你把唐俭作为死间①，此事至今朕都有疑惑，这到底是怎么回事？"

李靖回答："臣与唐俭共同效忠陛下，因料定唐俭必然无法彻底招抚突厥，所以臣才会率军进攻，这是去大恶而不顾小义。世人都说唐俭是死间，这并非臣的本意。按照《孙子兵法》，用间谍是下策，如果东突厥满朝都是忠义之士，那么即使派去间谍也很难发挥作用。唐俭是臣舍弃掉的小义，陛下还有什么好疑问的呢？"②

在李靖看来，顾全唐俭的生命，那只能算作是"顾小义"；

---

① 死间指的是在敌国从事间谍活动，以泄露假消息来扰乱对方的间谍，因为其处境险恶，很难生还，所以称其为死间。

② 吴如嵩、王显臣等校注，《李卫公问对·下卷》，中华书局2018年版。

消灭东突厥,彻底为国家除掉一个祸患,那才是"去大恶"。在"顾小义"和"去大恶"之间,李靖毅然选择了后者,选择了谋国而不是谋身,李世民实在是不应该对李靖的做法再有什么疑问。

对于此次弹劾案,李靖本人的态度在历史上并没有留下记载。我们从之前他对李勣的警示中,便可以看出李靖对此早有预料。铁山之战虽然获得全胜,但是在这个过程中,既置皇命于不顾,又让重臣身处险地,这种事不可能会轻易作罢,等回到长安之后必然面临惊涛骇浪。但是毕竟自己并非出于私心,问心无愧,所以李靖应该可以比较泰然地看待此事。

不过萧瑀也没得到什么好处,两个月后萧瑀就被免去御史大夫的职务,转任闲职。李世民作为一代明君,慧眼如炬,自然明白萧瑀的弹劾是不怀好意的。李世民在利用萧瑀的弹劾敲打完李靖后,立刻把萧瑀撤职,以示惩戒,同时也向李靖表明了自己对他始终是重视和信任的。

## 第二节 尚书右仆射

贞观四年(630年)八月,李靖接替去世的杜如晦,出任尚书右仆射,正式登上了帝国行政机构的最高层,成为行政机构内仅次于尚书左仆射的第二号人物。从此李靖开始了自己在唐朝最稳定的一段任职生涯,在尚书右仆射这个位置上待了大约四年,一直到贞观八年。

不管是《新唐书》还是《旧唐书》，对于李靖这四年的经历几乎都没有什么记载，就留下一句话："靖性沉厚，每与时宰参议，恂恂然似不能言。"也就是说，李靖在此期间非常沉默，每次参与议政的时候，就像不会说话一样。李靖之所以会这样，和他这些年的经历有关。

在《旧唐书·魏徵传》中曾经记载过这样一个故事：

贞观六年（632年），李世民去九成宫（在今陕西麟游）避暑，一待就是几个月。在这个过程中有一些后妃提前回长安，路过沣川县（今陕西扶风），就住在当地官府的馆舍里面。后来尚书右仆射李靖和侍中王珪也到了，地方官看到两位朝廷大员到此，就把后妃们迁居到别的地方，把馆舍的房子留给了李靖和王珪。这件事情再正常不过，李靖和王珪地位尊贵，本来就应该住在官方的招待所里，地方官只是照章办事。

但是李世民知道之后大怒道："威福之柄，岂由靖等？何为礼靖而轻我宫人！"随后命令有关部门查办漳川县地方官和李靖等人的罪行。魏徵劝谏道："李靖等人是陛下的股肱之臣，后妃不过是服侍陛下的人。李靖等大臣外出巡视，地方官员要向他们学习朝廷的纲纪，陛下也要向他们询问民间的疾苦。李靖等人自然要与地方官员接触，地方官也肯定会拜访他们，所以将馆舍供给大臣居住，合乎情理。至于后妃，只需要供给她们衣食，不需要地方官拜访她们，所以没必要让她们住在馆舍。如果陛下因为此事而责罚大臣，恐怕不利于陛下仁德的名声，会让天下人认为陛下重美色而轻社稷啊！"李世民听后恍然大悟，接受了魏徵的劝谏，不再追究此事。

之前的弹劾案，再加上这次的沣川事件，充分诠释了一句话，那就是伴君如伴虎。李世民虽然是中国历史上著名的贤明君主，但是依然有着喜怒无常的一面。李靖作为朝廷高官，日夜伴随在皇帝的身边，势必也是时时刻刻如临深渊，如履薄冰。在中央担任尚书右仆射的这段日子虽然没发生什么大事，但是李靖却未必会感到舒心。这不是因为李靖不擅长治国理政，而是他不擅长处理与帝王之间的关系，不擅长揣摩帝王心术。

此外，李靖也不是一个愿意违心地迎合皇帝情绪的人。在平灭东突厥之后，李世民逐渐得意忘形，他觉得自己内平天下、外灭戎狄，威震四海，功劳堪比秦皇汉武，所以想去封禅泰山。封禅泰山，是中国古代最重要的祭祀仪式，只有功盖天地的人才能加此礼仪，因此代表着中国古代皇帝的最高荣誉。大臣们也看出皇帝的意思，于是632年，以李孝恭、武士彟为首的一众大臣集体上书，请求李世民封禅泰山，但其中并不包括李靖。封禅泰山花费巨大，李靖并不赞成这种徒耗民力之事，但是他也没有明确反对。而在多数人都附和的情况下，唯独有一个人发出不同的声音，这个人就是魏徵。魏徵坚决反对李世民封禅泰山，他告诫李世民，天下刚刚安定，百废待兴，国家府库粮仓仍然空虚，四方势力依然对大唐虎视眈眈。封禅之事劳民伤财，这样追逐虚名而实际对百姓有害的行为，万万不可。不久之后，黄河又发大水，于是唐太宗就打消了封禅的念头。

其实魏徵所讲的这个道理，李靖自己又何尝不懂呢？满朝文武很多人也都懂，但是没有一个人敢说出来。有的人是对皇帝阿谀奉承，有的人是像自己一样不愿得罪皇帝，唯独魏徵敢犯颜直谏，这种胆气和豪气，让人不得不敬佩。李靖不禁自问：在进言劝谏之事上，确实比不上魏徵，自己并不善于规劝帝王。

所以这就可以理解为什么李靖这几年始终"恂恂然似不能言"了。李靖此时毕竟已经年过六旬，他不愿意再卷入任何的政治斗争。在这种情况下，李靖追求的是"不求有功，但求无过"，说得少自然说错的就少，所以李靖始终沉默寡言，就像不会说话一样。

李靖所担任的尚书右仆射，作为尚书省的两名主官之一，负责管理刑部、兵部和工部三个部门。在李靖的任期内，这三个部门发生了很多的事情。

首先看一下刑部。这期间刑部发生的最重要的事情莫过于留名至今的"四百死囚来归狱"。

这件事发生在贞观六年（632年）十二月的一天，李世民为彰显天子威严，与一些死囚立下君子之约：允许他们回家与家人团圆，但是在第二年秋收之后，都要自觉回来服刑。同时李世民还对全国各地下达命令，要求各地官府也把他们所关押的死囚全部释放，让他们第二年全部到京师长安来服刑。

结果到了贞观七年（633年）九月，头一年被放回家的一共390名死囚，在没有任何人督促和押送的情况下，全部到达长安服刑受死，没有一个人趁机逃跑。李世民看到这个场景之后大为感动，下令将他们全部赦免。这个故事被称为"四百死囚来归狱"。

这件事体现了李世民超前的人道主义，他推行的德政连死囚都可以感化。"死囚归狱"的佳话成为后世文人墨客津津乐道的故事，白居易曾写下诗句"怨女三千放出宫，死囚四百来归狱"，歌颂唐太宗的德政，后世的宋仁宗对此佩服得五体投地。

有观点认为，这是一场非常无趣而又拙劣的形式主义作秀。李世民虽然文韬武略，盖世无双，但是人无完人，每个人都有短处和污点，这次作秀就是李世民的污点之一。

在《旧唐书·太宗本纪》和《新唐书·太宗本纪》中都写得明明白白，贞观四年（630年）十二月，共计审理死刑犯29人，结果短短两年之后，死刑犯一下子增加到了390人，增加了十几倍。唐代的死刑犯一般都是年底审结，等到第二年秋后处决，所以不存在死刑犯积压多年未处决的情况。因此两年内死刑犯增加十几倍，这在现实当中根本不可能。老百姓还是两年前的老百姓，制度还是两年前的制度，而且在如何治理好国家方面，李世民丝毫没有怠慢之意，为什么贞观六年的死囚比贞观四年的死囚高出十倍不止？

事情的真相应该是，贞观六年刑部通过某种方式大量增加了死囚人数，而这些死囚也得到了承诺，只要能够在一年后回到长安，那么就既往不咎，所以他们才会如此顺从地配合李世民完成这次作秀。

作为前任刑部尚书和现任尚书右仆射，李靖对于刑部的事情了如指掌。这件事不仅没法瞒过李靖，更重要的是这么大的事情，肯定需要李靖的协助才能完成。李靖历来是一个实事求是的人，从来都是有一份事实就说一分话，在战场上他既不媚上，也不欺下。

最终驱使李靖配合李世民表演的原因，无非有以下两点：

第一，君主的权威。上命难违，即使李靖不愿配合，换了别人同样也得配合皇帝。

第二，报恩的思想。李世民对李靖恩同再造，李靖愿意为了李世民赴汤蹈火，在所不辞，配合皇帝做一场并无大碍的政治表演也无可厚非。这场表演有助于塑造皇帝伟岸光辉的形象，同时对于人心教化或许也有一些作用。李靖或许就是用这条理由说服了自己。

在兵部事务上，李靖任内的这四年里事情并不多。在灭亡东突厥、俘虏颉利可汗之后，唐军威震四方，周边各族噤若寒蝉，无人再敢挑战大唐的权威，所以自然四方无事。对此，李靖深感欣慰，这太平盛世正是自己多年的心愿，同时也有自己的一份功劳。

这四年里，与军中相关的比较大的事情是李靖进行了两次大规模的军事葬礼。

刚刚继任尚书右仆射之后，在贞观四年（630年）九月，李世民下令收殓在消灭东突厥一战中死难者的骸骨，然后进行祭奠，包括突厥士兵的尸骸。战争结束了，突厥人已经成了唐朝治下的子民，虽然大量突厥士兵因为与唐朝为敌而战死，但是他们毕竟是活着的突厥人的父子兄弟，安葬他们有利于抚慰突厥人心。所以李世民下令收殓所有骸骨，不管他们是唐军士兵还是突厥士兵，此举充分体现了李世民作为一代明君的博大胸襟。

贞观五年（631年）七月，李靖又受命祭奠了隋军征高句丽时阵亡的将士。612年，隋炀帝征发大军进攻高句丽，结果隋军一败涂地，三十万大军幸存不到三千人。高句丽军队将隋军的尸体堆集成一座小山，筑为京观，以彰显武功。631年7月，李世民下令拆毁高句丽所筑京观①，并祭奠隋军阵亡将士。

当李靖接到这两项任务的时候，想必也是感慨万千。自己因为军功而封侯拜相，位极人臣，但是也见过无数的尸山血海，见过"白骨露于野，千里无鸡鸣"。这一切都不是自己愿意看到的，惟愿今后国家万世太平，百姓安居乐业。

在李靖任职过的三个部门中，工部应该是事情最少的。在李靖的任期内，黄河没有发生大的水患，所以不需要大规模修筑河堤；征讨东突厥大获全胜，所以也没必要再修筑长城；皇帝李世民爱惜民力，轻徭薄赋，所以没有大规修建宫殿和城市。因此在李靖任尚书右仆射的四年里，国家没有大型的工程建设。

在这期间发生过和工部相关的两个故事。

贞观五年（631年）九月，李世民想修缮仁寿宫，并将其改名为九成宫，随后又想修缮洛阳宫。民部尚书戴胄上书劝谏，指出天下刚刚安定，百姓生活并不富裕，国家财政也不充裕，如果不停地修缮宫殿，耗费过度，会给国家和人民都带来沉重的负担。李世民对此深表赞赏。在洛阳宫修缮过程中，负责的官员窦

---

① 所谓"京观"，指古时为炫耀武功，将敌人尸体聚积成山，封土而成的高冢。

琎进行了浩大的工程改造，把洛阳宫修得富丽堂皇，李世民看了非常生气，下令把洛阳宫拆毁，并把窦琎免职。

贞观七年（633年）十二月，工部尚书段纶上奏说要引荐一名能工巧匠，名为杨思齐，李世民便让杨思齐先展示一下自己的手艺，段纶就让杨思齐先制作了一个唱戏用的木偶。李世民大怒，斥责道："征招能工巧匠是让他们为国事效力的，你却让他先造唱戏的用具，这岂不是在助长不正之风？"于是将段纶贬官。

在李世民的垂范之下，朝廷自然没有人再敢提议大兴土木、追求享乐之事。管理工部的李靖应该也是乐得清闲，有隋炀帝灭亡的殷鉴在前，李世民的决策无疑是英明的，李靖的清闲也可以让我们从侧面看到一个正在逐渐走向正轨的大唐。

虽然李靖在尚书右仆射的任上总体而言过得并不开心，并且看起来也没有什么大的建树，但是他依然完成了一项在中国历史上很难得的成就——出将入相。

出将入相，顾名思义就是出征可为将帅，入朝可为宰相。能够做到出将入相的，都是文武兼备的重臣，这在任何一个朝代都是很少见的。在中国历史上，能够做到出将入相的，其实并不多，代表人物包括：

吴起，战国时期人。吴起在魏国作为将军，训练魏武卒，攻占秦国河西之地，拓地千里。后来吴起到楚国，担任楚国令尹（相当于丞相），主导变法改革，使得楚国国力大增。

韩信，西汉时期人。韩信的军事能力是毋庸多言的，其采用的战术有我们熟知的暗度陈仓、背水一战、十面埋伏等。但是很多人不知道的是,韩信曾经官拜左丞相,后来又被任命为相国,虽然没有多少实际的治国贡献,但是也算完成了出将入相。

陆逊,三国吴国人。陆逊官拜东吴大都督,率军在夷陵之战中击败刘备,后来被孙权任命为丞相,主持军国大事。

除此之外,还有十六国时期前秦的王猛、隋朝的高颎、宋朝的范仲淹、明朝的徐达等人。

能够完成出将入相的壮举,与如此之多的历史先贤并列,李靖与有荣焉,自己可以名垂青史,受万世景仰了!

## 第三节 巡查关内

贞观八年(634年)正月,李靖接受了一项新的任命:关内道黜陟大使。能担任这一职务,对于李靖来讲还是有些意外的。

当时朝廷决定派遣官员担任各方黜陟大使,分头巡查天下,其他各道黜陟大使的人选都已经定了,唯独关内道的人选迟迟无法确定。于是李世民把李靖找来,询问他对于关内道黜陟大使一职的人选有什么意见。李靖推荐了自己敬佩的魏徵,但是李世民说:"征箴规朕失,不可一日离左右。这个关内道黜陟大使,就由你来担任吧!"

李世民这话一出,李靖也有些困惑:明明是要征求对于人选的意见,怎么现在就成了让我来担任呢?不过很快李靖也想明白了,李世民从来不是心血来潮的人,在召见自己之前,他的心里估计就已经决定好要由自己来担任关内道黜陟大使了。不管自己推荐谁,皇上都会拒绝,最终这个差事也都会落到自己头上,果然是圣心难测啊!李靖不禁苦笑了一下。

对于关内道的范围,前文已经有过论述。关内道是京师长安所在地,驻扎有全国近半数的兵马,是最重要的一个道。至于黜陟大使,"黜"指的是降职或罢免,"陟"指的是提升或晋升。也就是说,黜陟大使有权力提升或者罢黜管辖范围内一定级别的官员,对于高级官员也有权力进行考核,可以对其任用发表意见。因此,关内道黜陟大使有非常大的实权和很高的地位。

正是因为关内道黜陟大使这一职务如此特殊,又如此关键,所以李世民认为此职非李靖莫属。

首先,都城长安所在的关中地区,权贵众多,人事关系错综复杂,这一地区官员的任用历来是一个难题,经常会产生争议。李靖年轻时曾经长期担任长安县功曹,虽已改朝换代,但他对天子脚下的人情事故还是了然于胸的。

其次,李靖身为尚书右仆射、代国公,战功卓著,地位尊贵,威名满天下,深得皇帝器重。虽然关中地区权贵众多,但是绝对没有人敢在李靖面前妄自尊大,所以李靖能够压制住这一地区的豪门大族。李靖为人沉稳老练,公正廉洁,其良好的品德作风广为称道,不存在以公徇私、挟私报复的事情,所以不管他在人事任用上做出什么决定,都不至于引起太大的争议,或者说这些官员不敢反对。

再次,这项任命也是李世民对李靖的一种恩典。关中是英才荟萃之地，其中很多人注定会在未来荣登宰辅，位极人臣。李靖多年在朝为官，在军中为将，识人能力毋庸置疑，对于人才的选拔和重用，不仅可以造福大唐，还会福泽李靖后人，这对于李靖家族未来的长盛不衰是很有好处的。

对于这一点，李世民肯定是清楚的，所以选择让李靖担任关内道黜陟大使，实际上是对李靖的信任和照顾。关内道距离京师长安并不远，道路通畅，交通便利，行程不会太辛苦。春暖花开之时，让李靖携天子之威，出游京畿，既可整顿吏治，亦不失为一件悠然之事。

就这样，带着皇帝的嘱托，李靖赴任关内道黜陟大使。他巡查了关内道各个地区，考察官员的政绩，询问民间疾苦，赈济穷困百姓、鼓舞求学之士、惩治失职官员，在各地获得了赞誉和称道。

在巡查关内结束，回到京师长安之后，李靖感到自己的足疾越发严重了。李靖所患的足疾，应该是战争留下的后遗症。李靖征讨东突厥是在寒冬腊月，条件艰苦，气温极低，这个温度之下手脚被冻伤是一件非常正常的事情。李靖当时已经六十多岁了，在塞外苦寒之地连续征战了一个冬天，每日忧心战事，也没有像样的吃食，肯定会对李靖的身体造成很大的损伤，有可能留下了冻伤和引发了一些慢性疾病，几年之后依然没有痊愈。

贞观八年（634年），李靖正式向李世民上书，请求辞官回家，颐养天年。对于李靖的请求，李世民派遣岑文本向李靖传达口谕："朕观自古以来，身居富贵，能知止足者甚少。不问愚智,莫能自知,才虽不堪,强欲居职,纵有疾病,犹自勉强。公能识达大体,深足可嘉,朕今非直成公雅志,欲以公为一代楷模。"①李世民认为李靖是有远见的,识大体的,他懂得急流勇退,比起那些贪恋权位的人要强千倍万倍。

十一月,朝廷正式下达诏书,同意李靖之请,同时李世民大大褒扬了李靖这些年的贡献,加授李靖特进(正二品散官头衔),让其在家休养,"赐物千段、尚乘马两匹,禄赐、国官、府佐并依旧给,患若小瘳,每三两日至门下、中书平章政事。"

"赐物千段",即赏赐绸缎一千段。

"尚乘马两匹",即说给李靖配备供工作使用的马两匹。

"禄赐",指的是官员的俸禄,结合"并依旧给"理解是指依照其任职时的标准发放,不因为李靖的离职而有所减少。

"国官"指的是封国内管理日常事务的人员。李靖被封为代国公,是有自己的封国的,不过唐代的封国不是实封,实际上李靖并不能封邦建国。但是在形式上依然要有一套管理封国事务的机构,这些机构里面的工作人员就是"国官"。

"府佐"指的是高级官署中的佐治官吏。李靖作为尚书右仆射,必然会配备了处理相应工作的幕僚人员,协助李靖处理政务,这些人统称为"府佐"。

"国官、府佐并依旧给",指的就是原来配备给李靖的辅佐人员一律不变,李靖仍然拥有自己的一套班底。这些人五花八

---

① [后晋]刘昫:《旧唐书》卷六七《李靖列传》,中华书局1975年版。

门,除了政务方面的辅助人员外,还有内务官员、卫兵、厨师、马弁、杂役等等,总人数有一百多人,这些人的日常开销全部由国家负责,不需要李靖自己出钱。

"平章"的意思是辨别、彰明,"平章政事"指的就是商议国家大事。

综上所述,整句话的意思是:赐予李靖绸缎一千段、官用良马两匹,原来享有的待遇一概不变,如果身体情况有所好转,便可每三两日来政事堂,共同商议军国大事。因此,李靖根本算不上是退休,只能说是因病休养,李世民依然舍不得他。

贞观九年(635年)正月,李世民又赐给李靖灵寿木手杖,以帮助腿脚不方便的李靖使用。所谓灵寿木,源自《山海经》中的记载,是远古时代生长在灵寿县域的一种奇树。据记载,灵寿木似竹,有枝节,长不过八九尺,围三四寸,质韧料轻,顶端自然弯曲,如同手杖一样,不须削制,是做手杖的上好材料。老者以此杖助步,能敏思捷行(灵),祛病延寿(寿)。所以用灵寿木做的手杖是拐杖中的佳品,古代皇帝多用灵寿杖赐予年老的勋戚大臣,以示尊崇。李世民赐予李靖灵寿杖,同样是为了显示对李靖的尊崇。

李靖终于可以摆脱政务,颐养天年,享受天伦之乐了,但是此时的朝廷内部却有一场巨大的危机正在酝酿,这就是夺嫡斗争。

李世民的正妻是文德皇后长孙氏。619年,长孙氏为当时还是秦王的李世民生下了长子,取名李承乾。李世民继位后,年幼的李承乾被册立为太子。李承乾非常聪明,尊师重道,李世民非常喜欢他。李承乾12岁的时候，李世民就把他带在身边，让他看大臣们处理政务，开始有意识地锻炼李承乾身为储君的政治能力。

贞观八年（634年）二月，太子李承乾加元服。元服，指冠、帽等头部所用的饰物。加元服，是男子成年的标志，意味着太子李承乾可以光明正大地参与国家政务，行使自己作为储君的权力。

不过问题在于李世民是个博爱的人，他并不单单喜欢李承乾，他还特别喜爱皇四子李泰。

李泰深受喜爱，主要是因为聪明。据史书记载，李泰自幼才华横溢，聪明绝伦，并且爱好文学，擅长书法，显露出了过人的才智。李世民给予了他超出一般皇子的待遇。

可问题是此时的李泰只有15岁，未立寸功，只是因为聪明伶俐，就获得了李世民如此之高的待遇，这是很不合理的。在国家已经有太子的情况下，皇帝最正确的做法是对其他皇子一视同仁，不显现出对任何一个皇子有偏爱，以防止受宠爱的皇子对皇位有觊觎之心。李世民独宠李泰，这实际上激发了李泰争储的念头，埋下了巨大的隐患。

李靖是不是太子党，这在历史上没有留下明确记载。不过李靖即使不是太子党，他肯定也是心向太子的，原因有二：

第一，太子才德无亏。626年，李靖在被任命为刑部尚书的同时，李世民还任命他为太子左卫率，就是太子所在的东宫的军事负责人。担任这一职务，李靖势必要和太子李承乾有很多的接触。李承乾的一大特点就是尊师重道。贞观三年，李承乾的老师李纲因为脚疾只能乘着轿子进宫，于是李承乾亲自将自己的老师引上殿并恭恭敬敬地行礼，又向其虚心请教，态度极为礼敬。李纲病逝后，李承乾亲自为老师立碑。李靖作为太子左卫率，既是东宫安全的负责人，又是太子在军事上的启蒙教师，再加上李靖的声望和地位，所以李承乾肯定也会对李靖非常恭敬。虽然李承乾在才智上可能不如李泰，但也很聪明，再加上德行无亏，所以李靖没有理由不支持太子。

第二，废长立幼，自古就是取乱之道。中国古代中原王朝的王位继承制度，长期以来都是嫡长子继承制，而废长立幼历来就会引发很多的问题。秦始皇嬴政废掉太子扶苏而立幼子胡亥，秦朝二世而亡；袁绍生前在长子和幼子之间徘徊不定，导致死后诸子内斗，曹操渔翁得利；隋文帝杨坚废长子杨勇立次子杨广，隋朝也落得二世而亡的下场。有这么多殷鉴在前，李靖是绝对不可能支持废长立幼的。

虽然包括李靖在内的众多朝臣都不支持废长立幼，但是李世民的错误做法带来了巨大的隐患。这一隐患将会在未来逐渐显现，最终酿成巨大的人伦惨变，成为李世民晚年无法忘却的痛苦。

而此时的李世民对此没有丝毫察觉，因为此时他的精力完全放在西面的一个少数民族——吐谷浑……

# 第七章 远征西海

## 第一节 吐谷浑民族

吐谷浑一族原属于鲜卑慕容氏，生活在今辽东地区。西晋时期吐谷浑离开辽东，向西迁徙到了今内蒙古阴山地区。在这里生活了二十多年后吐谷浑又率众向南迁徙，到达了今甘肃、青海、四川三省的交界地区。等到了北魏时期，吐谷浑国力达到鼎盛，控制范围东至今甘肃临洮，西至今新疆且末，北至祁连山脉，统治着今青海全境。

隋朝建立后，北面有突厥，南面有南陈，对于西面的吐谷浑无暇顾及，吐谷浑趁机不断侵扰隋朝西北边境。开皇元年（581年）十一月，隋文帝杨坚派兵数万反击吐谷浑，两军相遇于丰利山（今青海湖东），吐谷浑战败。隋军继续前进，再度击败吐谷浑五万大军的反击，追击数十里，俘斩万余人，大获全胜，吐谷浑先后有"名王十七人，公侯十三人"，各率其所部投降。

但是吐谷浑仍然没有改变与隋朝的敌对政策，不断派兵袭扰隋朝边境，直到开皇四年（584年）吐谷浑爆发内乱，对隋朝的进攻才暂时结束。开皇九年（589年），隋朝灭掉南陈，平定江南，吐谷浑大惧，再也不敢进攻隋朝，随后吐谷浑向隋朝称臣，双方的关系才开始逐渐缓和。

大业元年（605年），隋炀帝杨广继位。杨广积极开疆拓土，第一个目标就指向了吐谷浑，主要是因为吐谷浑卡住了中西陆路交通——丝绸之路的咽喉。当时杨广积极经营西域，试图扩大与西域及欧洲的贸易，他还派遣裴矩到达张掖，广招西域商人到隋朝进行贸易。但是吐谷浑占据祁连山区，对中西交通的咽喉河西走廊构成了巨大的威胁，于是裴矩向杨广建议灭掉吐谷浑，以绝后患，杨广听从了裴矩的意见。

大业四年（608年）四月，杨广御驾亲征，率领大军离开长安，踏上征程。吐谷浑可汗慕容伏允率众占据覆袁川，抵御隋军。杨广派大军四面包围覆袁川，然后发起围歼，慕容伏允大败，仅率领数十人逃出。五月，吐谷浑仙头王被隋军包围，率领部众十余万投降。面对隋军的强大攻势，慕容伏允无力抵御，只得逃至党项避难。到六月，隋军基本征服了吐谷浑全境。

六月十八日，杨广在吐谷浑境内设置西海、河源、鄯善、且末四郡，同时派官吏管辖四郡，并从内地征发轻罪囚犯移居四郡，在这里大规模屯田。此前只有西汉末年王莽时期曾在这一地区设置郡县，管辖青海湖东北一带，但是时间很短。隋朝设置的西海、河源二郡，包括了今青海大部分地区，由此青海地区正式成为中央王朝的直接管辖地区，这在中国历史上具有重要的意义。

大业末年，天下大乱，慕容伏允趁机返回吐谷浑，召集部众，恢复了对青海地区的统治，吐谷浑复国。

武德元年（618年），李渊建立唐朝，先后平定了陇西地区的薛举政权和河西地区的李轨政权，唐朝开始与吐谷浑接壤。此后的十几年，吐谷浑与唐朝关系的特点是：一方面吐谷浑不断向唐朝派遣使者，双方在边境地区开展互市贸易；另一方面吐谷浑趁唐朝忙于巩固政权，频繁侵扰唐朝西部边境，阻断了唐朝从河西走廊进入西域的通道。

吐谷浑最早向唐朝派遣使者是在武德二年。从武德六年（623年）到贞观八年（634年）的11年间，吐谷浑先后14次派遣使者向唐朝朝贡。武德八年（625年），吐谷浑可汗慕容伏允请求在边境地区开展互市贸易。当时中原地区经过战乱，人民流离失所，财产损失殆尽，尤其是极度缺乏耕牛，唐朝也迫切希望和畜牧业发达的吐谷浑进行贸易，以换取大批耕牛作为牲畜。于是李渊同意进行互市贸易，双方的贸易开始兴盛起来。

但是与此同时，双方的战争也在不断发生，这其中尤其以武德后期最为严重。武德三年，吐谷浑入侵2次；武德四年，吐谷浑入侵1次；武德五年，吐谷浑入侵3次；武德六年，吐谷浑入侵2次；到了武德七年，吐谷浑的入侵高达5次；武德八年，吐谷浑入侵3次；武德九年，吐谷浑入侵3次。短短7年的时间里，吐谷浑竟然19次入侵，这对于唐朝西北国防安全构成了巨大的威胁。

李靖率军征伐东突厥取得的巨大胜利，给慕容伏允带来了极为巨大的震撼，他再也不敢肆无忌惮地袭扰唐朝，吐谷浑安静了几年。但是到了贞观八年（634年）夏，吐谷浑又一次入侵凉州，李世民决心派兵反击，他任命段志玄为西海道行军总管，率领唐军与契苾、党项等部落兵马一同征讨吐谷浑。段志玄击破吐谷浑，率军追击八百余里，到距离青海湖三十余里时，吐谷浑驱赶着牧马逃走。李世民诏令段志玄继续深入追击，夺取吐谷浑的马匹，但是段志玄不敢深入，停滞不前，被李世民罢官。唐军的进攻至此结束。

通过对吐谷浑历史的讲述，我们可以看得出，吐谷浑生存能力十分强，任凭中原王朝如何强大，始终拿吐谷浑没什么办法。南北朝时期强盛无比的前秦和北魏，还有后来的北周和隋朝，这些朝代在统一中原的过程中都是屡战屡胜，所向披靡，但是面对吐谷浑时却始终难以取得彻底胜利。隋炀帝杨广与之的战争是最接近彻底胜利的一次，但是胜利成果却随着隋末大乱而烟消云散。

吐谷浑之所以如此顽强，这与其特殊的地理环境密不可分。吐谷浑地处今青海地区，大部分地区海拔超过三千米，中原地区的人到了这里非常容易产生高原反应，这对行军作战非常不利。同时青海地区地域广阔，有着充足的战略回旋空间，中原庞大的军队在这里很难穷追到底，所以慕容伏允才能在隋军的进攻下侥幸逃脱并成功复国。此外青海地区除了湟水谷地以外，大部分地区都不适合农业生产，很难在这里进行大规模屯田驻兵，中原王朝也就无法建立稳固的统治。

正是因为有这样优越的条件，吐谷浑才能肆无忌惮地对唐朝边境进行袭扰，而不担心被报复。吐谷浑就像是一只蚊子一样，在大唐这个巨人旁边嗡嗡直叫，虽然并不能像东突厥一样直抵长安，威胁大唐核心地区，但是时不时就会叮咬大唐，让其不胜其烦。

在段志玄征讨吐谷浑结束之后没几个月，贞观八年（634年）十一月，吐谷浑再度入侵凉州。更过分的是，吐谷浑还无理扣押了唐朝官员赵德楷等人，李世民派遣了十余名使臣前去交涉，慕容伏允始终拒绝放人。慕容伏允的傲慢态度彻底把李世民惹火了，他决心毕其功于一役，彻底解决吐谷浑。

除了国防上的考虑外，进攻吐谷浑还是为了打通贸易之路。唐朝实现了安定繁荣之后，对于中西贸易的重要通道——丝绸之路的需求日益迫切。吐谷浑占据祁连山区，经常骚扰河西走廊地区的甘州、凉州等地，丝绸之路时常被切断，这对唐朝与西方的贸易产生了巨大的影响。

此外，吐谷浑还控制着丝绸之路的南道——青海道。由于南北朝时期的战乱，通向西域的重要通道河西走廊曾经长期断绝，因此南北朝后期到隋朝时期的近百年内，丝绸之路的主干道不断南移，形成青海道。青海道大致由今新疆喀什经和田，沿昆仑山北麓向东，进入今青海柴达木盆地，然后穿过柴达木盆地，沿黄河谷地或湟水谷地进入陇右，而后到达长安。这条路线大部分都在吐谷浑的控制之下，这给吐谷浑带来了巨大的财富，使其有强大的经济实力可以和唐朝对抗，同时也严重影响了唐朝的对外贸易。

国防安全加上对外贸易双重因素，使得唐朝和吐谷浑之间的战争不可避免。

## 第二节　再披戎装

李世民已经决心征讨吐谷浑，但是统帅人选却成了大问题。其实当时大唐并不缺名将，主要将领有：

李孝恭，44岁，河间郡王；

尉迟敬德，50岁，时任同州刺史；

侯君集，年龄不详，时任兵部尚书；

程知节，46岁，时任检校原州都督；

李勣，41岁，时任并州大都督府长史；

李道宗，33岁，时任刑部尚书；

柴绍，47岁，时任右骁卫大将军。

上面的这些人都是唐军名将，每个人都战功赫赫，若是从中选一个人担任统帅征讨吐谷浑，最合适的应该是李勣。李孝恭、尉迟敬德、程知节、侯君集在武德年间唐朝对内统一战争结束之后就再未出战，一方面是已有十几年未参战，久疏战阵，另一方面也缺乏对外与游牧民族作战的经验。柴绍在对东突厥一战中表现不佳，李道宗过于年轻，所以李勣最合适。李勣多年以来一直在并州任职，从未卸甲，始终处在战斗第一线，在灭亡东突厥一战中表现亮眼，并且正当壮年，年富力强，可以克服高原作战的艰辛，由他来担任统帅，朝中一定没有异议。

或许是因为觉得李勣作为北部国防柱石，需要在并州镇抚东突厥余部，防备薛延陀做大，不可轻动，所以李世民否决了让李勣担任统帅的建议。思来想去，李世民想到了一个人——赋闲在家的李靖。以李靖的资历和威望，无人不服，以他的能力，此战必胜！

但是李世民又觉得如果真的让李靖出征，确实又有点为难李靖。最主要的自然还是担心李靖的身体状况，李靖当时已经64岁了，还患有足疾，经常复发。此战是艰苦的高原作战，这对于李靖的身体是一个巨大的考验。如果李靖在征战途中不幸病逝，那么李世民可能会背上不体恤部将的罪名。另外，李世民刚刚允许李靖去职归家，结果只过了几个月时间，就要把李靖召回，如此反复，也不是君主驭下之道。

所以对是否任命李靖为统帅，李世民非常犹豫。他本想直接征求李靖的意见，但是他明白以李靖的忠诚刚毅，只要他提了，不管有多难，李靖一定会答应，并会为之拼尽全力。李世民不愿意让李靖有任何的为难，希望尊重他自己的想法，只在与近臣谈话时透露出了自己的想法："此战如果由李靖来担任统帅，朕心安矣！"

果然，这条消息很快就传到了李靖耳朵里。不过李靖也不确定这只是皇帝随口一说，还是真有此意。李靖没有直接到皇帝面前请求担任此战统帅，而是找一个中间人传话，他找到李世民最重要的谋臣房玄龄，对他说："靖虽年老，固堪一行。"①李靖虽然年老，但是还走得动，愿意为国出征。

李靖之所以愿意出征，一方面是因为责任，另一方面是因为雄心尚存。李靖历来就是一个责任心极强的人，他以家国大事为己任，愿意为国奋战拼杀。李靖之所以请求退隐，一方面是因为身体原因，另一方面确实是不喜欢官场上的钩心斗角和揣摩帝王心意。如今又有机会重新回到战场，回到自己最熟悉的地方，李靖的雄心再度被激发。老骥伏枥，志在千里，烈士暮年，壮心不已。或许马革裹尸，才是他最向往的归宿！

房玄龄将李靖的话转告李世民后，李世民大喜过望，立刻决定由李靖担任统帅，讨伐吐谷浑。在刀光剑影、杀伐决断的名利场上，李世民和李靖的这个故事非常温馨，君臣两人都在为对方考虑，都为对方留足了余地，充满了温情。如此君臣之情，堪为后世楷模。

贞观八年（634年）十二月，李世民正式下诏，任命李靖为西海道行军大总管。同时，李世民任命兵部尚书侯君集为积石道行军总管、刑部尚书，任城郡王李道宗为鄯善道行军总管，凉州都督李大亮为且末道行军总管，岷州都督李道彦为赤水道行军总

---

① ［后晋］刘昫：《旧唐书》卷六七《李靖列传》，中华书局1975年版。

管，利州刺史高甑生为盐泽道行军总管，此外李世民还命令突厥首领执失思力和铁勒首领契苾何力率领部众参战。以上各路大军共计十余万人，由李靖统一指挥，侯君集和李道宗担任李靖的副手，大军进攻吐谷浑，誓要将其一举歼灭。

（一）西海道行军大总管李靖

西海，指的是青海湖。西海道，指的是当时吐谷浑首府伏俟城（今青海省青海湖西岸布哈河河口附近）一带，因隋朝曾经在此设立西海郡而得名，这一地区是吐谷浑的核心地区。

这是李靖自贞观二年担任关内道行军大总管后第二次担任行军大总管。上一次担任关内道行军大总管是在和平时期，很多事情并没有临机处置之权，因此权力并不算大。在之前征讨东突厥的战争中，李靖虽然是全军统帅，但是职务上只是诸总管之一，因此虽然可以协调各军行动，但是对于其他各路将领并没有奖惩之权。此次担任西海道行军大总管则是在战时，李靖真正在职务上超越了所有人，拥有了在战场上号令四方、杀伐决断的权力。行军大总管的重要性前文已经讲过，作为非皇族成员能够两次担任这一职务，足见李靖极强的个人能力和在朝中的威望。

（二）积石道行军总管侯君集

积石道，因隋朝所设置的河源郡郡内有积石山而得名。侯君集早年学艺不精，还号称自己勇武。后来入秦王府，跟随李世民南征北战，立下军功，逐渐被李世民赏识，得以参与各项事务的谋划，受封为左虞候、车骑将军，封全椒县子。

侯君集早年间并未立下什么战功，但是因为在玄武门之变中表现勇武，侯君集青云直上，被封为左卫将军、潞国公。贞观四年，侯君集更是接替李靖，出任兵部尚书。

由此可见，侯君集的战功和威望都很难服众，他能够位居高位完全是李世民偏爱的结果，可想而知朝中对侯君集肯定有很多的非议。因此此战能不能够立下大功，对于侯君集未来的仕途是否顺利极为重要。

（三）鄯善道行军总管李道宗

鄯善道，因隋朝设置的鄯善郡（治所在今新疆若羌县东北）而得名。李道宗，此时仅有33岁，是大唐军队中一颗冉冉升起的新星。在征讨东突厥的战斗中，李道宗表现出色，最终俘虏颉利可汗。此次再度出征，作为李靖之外唯一参加过东突厥一战的将军，李道宗成为李靖的副手，这对于李道宗是一个难得的学习和锻炼机会。

（四）且末道行军总管李大亮

且末道，因隋朝设置的且末郡（治所在今新疆且末县西南）而得名。李大亮，曾经和李靖一起参加平定辅公祏一战，此战结束后，李大亮一直在边境地区任职，先后担任交州都督和凉州都督。因为在凉州多次与吐谷浑作战，李大亮对吐谷浑比较熟悉，所以此战他得以被李世民重新起用参战。

（五）赤水道行军总管李道彦

赤水道，因隋朝所设置的河源郡郡内有赤水河而得名。李道彦，唐朝宗室。李道彦的个人经历非常平淡，直到武德五年（622年）才被任命为陇州（治所在今陕西陇县）刺史；贞观元年（627年），李道彦被任命为岷州（治所在甘肃岷县）都督。岷州邻近吐谷浑，长期在岷州任职的李道彦与吐谷浑多次作战，对吐谷浑非常熟悉，这应该是李道彦参战的主要原因。

（六）盐泽道行军总管高甑生

盐泽，指的是西海盐池，即今青海茶卡盐池，盐泽道因此而得名。高甑生早年进入秦王府，后因战功被任命为利州（治所在今四川广元）刺史。高甑生参战的原因和李大亮、李道彦一样，因为吐谷浑多次进攻今四川北部的松潘等地区，担任利州刺史的高甑生对吐谷浑并不陌生。

（七）执失思力和契苾何力

执失思力，颉利可汗的外交官，后投靠大唐。东突厥灭亡后，执失思力被任命为左领军将军。后来，李世民把妹妹九江公主嫁给执失思力为妻，并封其为安国公。

契苾何力，来自铁勒契苾部。贞观六年（632年）十一月，契苾何力率领本部落六千多户前往沙州（今甘肃敦煌）投降唐朝，李世民下诏将他们安置在甘、凉二州（今甘肃张掖、武威一带）之间，任命契苾何力为左领军将军，统领部众。

李世民命令执失思力和契苾何力率领部众参战，应该是为了充分利用游牧民族骑兵对草原环境的熟悉和强大的作战能力，以增强唐军的战斗力。

唐军的大规模兵力集结很难逃过吐谷浑人的眼睛。在听闻唐军大兵压境之后，吐谷浑可汗慕容伏允立即作出反应，他派人游说已经投降唐朝的党项人和羌人反叛唐朝，在边境地区制造混乱。和吐谷浑人一样，党项人和羌人也是生活在今青海、甘肃地区的少数民族。在战争爆发之前，这两个民族的很多人已经投降了唐军。为了牵制唐军的力量，延缓唐军进攻，吐谷浑对党项人和羌人成功地进行了策反。

贞观九年（695年）正月，党项人叛乱；三月，羌人叛乱。这两个民族的叛乱给唐军带来了不小的麻烦。李靖命令高甑生率军平叛，高甑生击败了叛乱的羌人，为唐军进军扫清了障碍。

此战中唐军的战争经过和行军路线，史料记载差异巨大，《旧唐书》《新唐书》《资治通鉴》的记载都不相同。陕西师范大学周伟洲教授所著《吐谷浑史》对这一问题进行了详细的考证，本部分主要基于此书进行撰写和解读。

贞观九年（695年）四月初，各路唐军集结完毕，李靖在鄯州（今青海乐都）召集诸将，商讨下一步的行军方略。会议刚开始，侯君集就立刻发表了自己的意见："我大军已到，敌人尚未逃到险要的地方，我们应当抽调精锐，长驱直进，打敌人个措手不及，我们一定可以获胜。如果拖延时日，以吐谷浑的战法，必定会远逃他处，到时候山隔路阻，再想全歼就很难了。"

有李靖在定襄和铁山的成功先例在前，谁都知道进攻游牧民族最好的办法就是精兵奇袭。侯君集抢先提出这一方略，虽然有些班门弄斧的意味，但是包括李靖在内的所有人都无法反对，只能附和，因为这确实是最好的方法。立功心切的侯君集，立刻就把这首倡之功握在了自己手里。

虽然知道众将内心不悦，但是为了全军的团结，李靖还是缓缓地说："侯尚书所言有理，这确实是进军良策。依我看，就由任城王（指李道宗）率领精兵，袭击吐谷浑。"李靖的安排，让侯君集措手不及。他之所以抢先提出精兵奇袭的策略，就是想担任先锋立下首功，可没想到李靖竟然把这个机会给了李道宗，虽然内心不满，但是侯君集毕竟不敢挑战李靖的权威，只得接受。

侯君集的心思，李靖怎么可能会不知道，他之所以安排李道宗担任先锋，并不是存心要打压侯君集，而是有他自己的考虑。此战是唐军与吐谷浑首战，事关重大，只能成功，不能失败。侯君集军功微薄，且久疏战阵，如果让他担任先锋，结果如何难以预料。而李道宗在征讨东突厥一战中表现出色，且常年驻守边关，是众将中作战经验最丰富的。李靖作为全军统领，是将这些放在心里的，所以李靖认为由李道宗担任先锋最为妥当，可保首战告捷。至于侯君集急于立功的想法，这不是李靖需要考虑的问题，李靖的心中只有胜利，只有大唐江山。

李道宗领命之后，立即率军深入敌境数百里，在库山（今青海湖东南）与吐谷浑军队遭遇。吐谷浑军队占据险要地形，殊死作战。李道宗派千余骑兵从山后偷袭，吐谷浑腹背受敌，大败而逃。唐军俘虏四百余人，首战获胜。吐谷浑可汗慕容伏允命令烧毁草场，率众向西撤退，试图以此阻滞唐军前进的步伐。不过慕容伏允的这一行为只能说是杀敌一千自损八百，因为草场被烧毁，虽然唐军无法继用，但吐谷浑人自己也无法再使用了。如此下策都被施展出来，让李靖看到了吐谷浑人对唐军的恐惧，也明白了慕容伏允已经穷途末路了。

唐军虽然首战获胜，但是战争远远没有结束，攻打吐谷浑实际上比攻打东突厥要困难得多，原因主要有以下几点：

第一，吐谷浑有更大的回旋空间。东突厥虽然实力强大，但是其活动的核心地区是河套地区，这里北有阴山，南有黄河，实际上很不利于战略机动，所以颉利可汗才会两次试图逃往漠北都不成功。但是青海地区战略空间广阔，山脉、河流多为东西走向，不会对吐谷浑撤退构成太大阻碍，因此有利于进行战略机动。

第二，吐谷浑内部更加团结。虽然吐谷浑内部也有矛盾，但是远远没有达到像东突厥那样四分五裂、兵戎相见的程度。初战失败后，吐谷浑部众败而不散，慕容伏允依然可以组织部众从容撤退，唐军也难以在吐谷浑内部找到突破口，制造其内部分裂。这就使得本来就对这一地区地理环境不熟悉的唐军，在实际作战过程中更加艰难。

第三，唐军难以进行战略合围。在征讨东突厥一战中，唐军在东西千余里的战线上，从东、南、西三个方向对东突厥进行战略合围，编织成了一张绵密的包围网，最终颉利可汗无路可逃。但是青海地区的地理形势完全不一样，这里南面是横断山脉，北面是祁连山脉，西面是唐军暂未到达的西域，所以唐军只能从东面发起进攻，无法对吐谷浑进行合围。这样一来，唐军就无法达成"兵贵神速"的效果，吐谷浑可以从容西撤，而不必担心来自其他方向的威胁。

所以，虽然李道宗首战获胜，但是在李靖的脸上看不到一点喜悦的神色。此次作战，李靖无疑遇到了巨大的挑战，如何对敌？李靖不禁陷入了沉思……

## 第三节　深入不毛

经过思考和判断，李靖决定放弃精兵奇袭的方略，稳扎稳打地进攻吐谷浑。

之所以做出这个决定，主要还是军队补给出现了问题。吐谷浑人撤退的时候烧毁了大量的草场，此时正值初春，等牧草生长起来还需要时间。如果此时快速前进，战马缺乏草料，会将补给线无限拖长，不仅会造成战马大量死亡，士兵的粮食供应也是个问题。到时候吐谷浑人趁机进攻，那可就危险了，所以还是稳妥前进为好。对于李靖的决定，侯君集内心嗤之以鼻：大总管果然是"廉颇老矣"，再也没有当年的锐气了。自己一直盼着靠此战立下大功，好洗刷朝中的非议，但是看李靖的作战安排，自己想立大功估计是难了。

唐军开始稳步推进，沿途不断击败吐谷浑人的小规模抵抗。先是在曼头山（今青海共和）击败吐谷浑一部，俘虏五百余人，缴获了大量牲畜，缓解了唐军后勤供应的困难。随后，李靖率军在牛心堆（今青海湟中）再度击败吐谷浑。这两场战役虽然战果不大，但是使士兵逐渐适应了高原地区的作战环境，有效增强了唐军士兵对战胜吐谷浑的信心，也使得慕容伏允以逸待劳的计划落了空。

贞观九年（635年）四月底，各路唐军在库山会师。李靖再次召集众将，商议下一步的行动计划。

此时，李道宗依然主张慎重缓行，他说："柏海（今青海扎陵湖、鄂陵湖）已经接近黄河源头，自古至今很少有人到过那里。现在敌人向西逃走，具体去往何处无从知晓。我军此行对战马颇为倚重，现在战马疲惫，粮草匮乏，不如退军回鄯州，待水草丰美、兵强马壮之时再进军。"

但是李道宗的建议遭到了侯君集的反对。侯君集说："李将军此言差矣！前番段志玄将军出征的时候，就是撤退到了鄯州，但是吐谷浑不久便卷土重来，此后依然为祸一方。现在敌人连遭失败，肯定君臣相失，兵心不稳，惶恐不安，我们趁机进攻一定可以取胜。柏海虽然遥远，但是依然可以鼓行而至。"

虽然事后唐军确实是通过深入进攻取胜的，但是我们绝不可以事后诸葛亮地认为李道宗是错的，侯君集是对的。因为李道宗所说的困难确实是存在的，这确实对唐军的进攻造成了巨大的影响，并且李道宗只是说等一段时间再进攻，而侯君集的想法则有些太一厢情愿。虽然几场战役唐军都取得了胜利，但是战果并不算大，吐谷浑也没有遭到毁灭性的打击，侯君集所设想的敌军处境艰难的情况实际上并不存在，此时深入进攻很有可能会轻敌冒进，被以逸待劳的敌人击败。

侯君集刚说完，李道宗立刻表示反对："几战下来，我军俘虏不过千人，缴获牲畜不过万头，敌军军队完备，实力犹存，何来君臣相失，父子离散？柏海在千里之外，如何鼓行而至？敌军远退，就是为了诱使我军深入，我军若进攻，则正中敌军下怀。尚书大人想立功可以理解，但此乃危急存亡之事，还请大人三思啊！"

听了李道宗的话,侯君集立刻就火了,怒道:"一派胡言!陛下派我们来就是让我们彻底击败吐谷浑的,如果就此撤军,徒劳无功,如何向陛下交代?再等几个月出击,十万大军几个月时间要消耗多少粮草,你计算过吗?其间又会生出怎样的变故犹未可知,所以必须速战速决!"

两个人越吵越激烈,而其他将领却不约而同地看着李靖,等待李靖的意见。

良久,李靖低缓的声音终于传来:"我支持侯尚书的意见,深入追击。"

李靖的话让李道宗倍感意外,他觉得李靖素来思虑周详,肯定会支持自己的方案,没想到李靖竟然支持侯君集,于是立刻说:"大总管何出此言?既已用稳扎稳打之法斩获颇丰,此时何故犯险要深入追击?"

李靖解释道:"任城王的考虑确实很有道理,此前战法有所斩获也不假。但依老夫看来,我军必须坚持进攻。不知道诸位有没有想过,过几个月固然会水草丰美,我军战马体力也可以恢复,但是敌人的战马也会膘肥体健,我军的处境未必会好转。此时我军虽然粮草困难,但是敌人失去了大片牧场,处境更加困难。如今外在的条件对于敌我双方而言都是相同的,既然如此,那还不如现在就发起进攻。

"另外,吐谷浑问题此战必须解决。吐谷浑人大踏步后退,以逸待劳的策略已经使用过多次,以往不管是隋军还是我军,都是因此导致后勤补给困难而不得不半途而废。吐谷浑人自以为得计,以为中原军队拿他们没办法,愈发肆无忌惮,因此,此战必须铲除敌人,否则西境就永无宁日。唯一的办法就是深入穷追,连续出击,不让敌人有喘息之机,再寻找敌军主力进行决战。此战如果撤退,那么问题依然存在,这就是留祸患给后人,所以必须彻底解决吐谷浑,只有这样才能减少国力消耗,永保西境安宁。"

李靖停了一下接着说:"吐谷浑人肯定依旧觉得我们会对他们的战法束手无策,还会像以往的军队那样知难而退。我们要利用他们的这种心态,出其不意地发起进攻,困难虽然很大,但是获胜的可能性同样很大,这个险值得冒。"

听到李靖支持自己的意见,侯君集异常高兴,他立刻说:"大总管所言正是君集所想!大总管准备如何部署?"

李靖说:"我准备把全军分为南北两路,两路大军以钳形攻势,南北合击,彻底消灭吐谷浑。我亲自率领主力部队为北路,侯尚书和任城王率所部士兵为南路。由我亲自率领主力军走北路,是因为北路所经地区我军比较熟悉,沿途山川风貌都有据可查,主力走北路比较安全。南路所经地区山川险恶,很多地区是未知地域,行军艰苦异常。如此艰难的进军需要你等这般年富力强、勇于进取的将军率领,由侯尚书和任城王担当此任最为合适。"

听完李靖的安排,侯君集非常高兴,虽然自己不大乐意与李道宗合作,但是毕竟自己有了独当一面的机会。李道宗却很诧异,李靖不支持自己的战法已经让自己很意外了,现在又让他和行军意见不合的侯君集并肩作战，李靖到底是怎么想的？他刚要说话，李靖就说道："大家各自回营备战，任城王且留，老夫还有安排与你说。"

其他人刚走，李道宗立刻说："大总管，我和侯尚书意见相悖，您高瞻远瞩，支持侯尚书之策，晚辈并无意见。只是为什么要我们两个人携手作战，您就不怕我们两个人闹出矛盾，影响作战吗？"

李靖解释道："不瞒你说，我之所以如此安排，主要还是因为对侯尚书统兵缺乏信心。你也看出来了，此战侯尚书立功心切，但对于其作战能力，我一直存疑，所以一直没有给他独当一面的机会。但是此战除了侯尚书外，绝大部分人都反对深入追击，所以深入追击的任务只能由侯尚书担任，以此充分利用他的进取之心。

"不过我又非常担心侯尚书会因急于取胜而鲁莽冒进，所以必须安排一稳重之人与其同行，而这个任务由你承担最为合适。如果换作地位较低之人，侯尚书一定不会将他放在眼里，若真有分歧，根本不可能听其劝阻。而任城王地位尊贵，战功赫赫，你说的话侯尚书不敢不听。你为人稳重，同时又机敏果敢，完全具备和侯尚书并肩作战的能力。希望任城王能够明白老夫的苦心，和侯尚书精诚团结，相互指点，完成重任！"

听完李靖的话，李道宗不禁释然，他俯首而拜，说道："在下明白了，谨遵大总管号令！"

贞观九年（635年）五月初，李靖率领北路军踏上征途。李靖此行采取的策略是攻其必救，大军直指吐谷浑首府伏俟城，这是寻找吐谷浑主力进行决战的唯一方法。伏俟城是公元六世纪上半叶成为吐谷浑首府的，它位于青海湖西北方向的布哈河边上，由吐谷浑的一代雄主慕容夸吕所建。伏俟城在鲜卑语中的意思是"王者之城"，从建立到此时已经经历了将近一百年的风风雨雨。这里是吐谷浑人重要的政治和经济中心，吐谷浑军队行踪不定，但是都城却永远只有一个，如果能攻占伏俟城，可以极大地打击吐谷浑人的士气。

在确定了以伏俟城为进攻目标之后，李靖率军越过曼头山，到达赤水源，此地已临近伏俟城，是吐谷浑的重要据点，也是伏俟城前沿的重要屏障。李靖派薛万均、薛万彻两兄弟率军开始进攻赤水源。

薛万均、薛万彻两兄弟来自唐初非常有名的将门之家。他们的父亲薛世雄是隋朝著名将领，在隋文帝时期屡立战功，官至仪同三司、右亲卫军骑将。隋炀帝时期，薛世雄先后参加对吐谷浑、突厥、高句丽的战争，也是战功赫赫。薛世雄共有五个儿子，从大到小依次是薛万述、薛万淑、薛万均、薛万彻、薛万备，五个人都是人中龙凤，武艺超群。五兄弟中，薛万淑、薛万均、薛万彻都曾经参加过征讨东突厥一战。

接到李靖的命令后，薛万均、薛万彻率军出发，他们两人各领百骑走在最前面。到了赤水源后，唐军与吐谷浑军相遇，两人策马扬鞭，冲入敌阵，无人能挡，其余士兵紧随其后，奋力冲杀，斩首数千级，大获全胜。吐谷浑溃败，薛万均、薛万彻率军追击，结果遭遇了吐谷浑天柱王所率领的救援大军。天柱王率军将唐军包围，然后从四面发起猛攻，薛万均、薛万彻二人都负伤坠马，遂拿起武器徒步作战，包围圈内唐军战死十之六七，万分危急。李靖闻讯，立刻派契苾何力率军救援。契苾何力率数百骑兵奋力厮杀，所向披靡，吐谷浑军队再次被击败，薛万均、薛万彻逃过一劫。

虽然此战唐军险胜，但是李靖非常兴奋，唐军多日来一直在苦苦寻找吐谷浑主力所在，现在终于找到了！于是李靖下令全军出击，这次绝对不能让他们再次逃脱了。在李靖亲自率领之下，唐军势如破竹，再度大败吐谷浑天柱王部众，缴获牲畜二十余万。在击败天柱王后，李靖率领唐军继续向伏俟城前进。吐谷浑可汗慕容伏允见唐军锐不可当，与之前的军队不可相提并论，自己的军队兵败如山倒，城破只是时间问题，遂率领军队撤离伏俟城。唐军兵不血刃，占领了吐谷浑首府。

占领了伏俟城后，李靖稍微松了一口气，终于给予了吐谷浑主力一次沉重的打击，也可以给皇帝一个交代了。此战可以说已经胜了一半，但是依然不可以掉以轻心。天柱王的军队虽然遭到重创，但是慕容伏允手下依然还有数量可观的兵力。此时唐军已经深入敌境千余里，慕容伏允依然还是在执行诱敌深入的策略，用意很明确，就是要利用战略纵深继续把唐军拖垮。眼下也没有更好的办法，开弓没有回头箭，打到这个份上，只能继续进攻。但是为了防止意外，李靖决定由李大亮、薛万均、薛万彻、契苾何力等人率军分路出击，寻找并歼灭吐谷浑军队，而自己则率军坐镇伏俟城，以准备在某路唐军发生意外时及时进行指挥救援。

各路唐军中，李大亮部首先取得重大胜利。李大亮率军在蜀浑山与吐谷浑军队遭遇，唐军大胜，斩首数千，俘虏名王二十人，缴获牲畜数万。同时，执失思力也率军在居茹川大败吐谷浑军。连遭败绩之后，慕容伏允向西逃入今柴达木盆地地区，李靖下令继续追击。

北路军进展顺利，而南路军则远比北路军要艰苦得多。南路军所经过的很多地区海拔超过四千米，在这一地区行军作战，对于中原军队是一个巨大的考验。这一地区很大范围都是未知之地，人迹罕至，气候恶劣，即使是到了五月份依然还是有霜，山顶终年积雪，沿途很难找到水源，人和马都只能依靠吃冰雪解渴。

就是在这种艰苦的环境下，侯君集、李道宗率军先到达逻真谷（今青海都兰），然后又越过了汉哭山（今青海兴海）。所谓"汉哭"，指的就是中原汉人到了这里，受困于严酷的自然环境难以继续前进，不得不望山兴叹，流着泪打道回府，此山由此而得名，他们认为这里是汉人所能到达的极限。在越过汉哭山之后，两人继续率军前行，经过星宿川（今青海星宿海），最后到达柏海。南路军在行军过程中也不断与吐谷浑军队遭遇，唐军连战连捷，将吐谷浑人的反抗彻底粉碎。

在到达柏海之后，吐谷浑的溃军早就已经跑得不见踪影。侯君集和李道宗商议，既然已经来到了前人从未到过的地域，何不更进一步,到黄河源头看一下。于是两人率领大军来到黄河源,北望积石山,观黄河河源所在。在无意中,侯君集和李道宗创下了一个纪录,那就是他们是最早到达黄河源头的中原军队。

在完成了南路的作战任务后,侯君集、李道宗率军到达大非川,与李靖所率领的北路军会合。

随着唐军南北两路军队的不断获胜,慕容伏允的处境越来越困难。他本来想通过不断后撤以延长唐军的补给线,让唐军处境越发困难,进而知难而退,以往他也是通过这种方式取胜的,但是他没有想到自己遇到了李靖这个"硬茬"。李靖不但不后退,反倒是步步紧逼,接下来随着温度的逐渐升高,水草条件都会逐步改善,到时候唐军就更不可能轻易撤退了。因为步步后退,吐谷浑人原有的核心领土区域被唐军悉数占领,生存空间被大大压缩,现在已经很难再有回旋的余地了。

同时,吐谷浑内部的矛盾也在不断激化。与唐军交战的失败,给吐谷浑人带来的不仅仅是丧失土地,更重要的是损失了数十万的牲畜,这是一笔巨大的财产,是吐谷浑人生存所系。现在没有了牲畜和草场,只有不断的战火,吐谷浑人的生活难以为继,再拖下去只能饿死,所以厌战情绪日益高涨。但是慕容伏允依然坚持继续作战,这就导致吐谷浑上下开始分崩离析。

此时已经逃到今柴达木盆地的慕容伏允决定继续坚定地执行步步后退的策略,率领部众逃得远远的,经柴达木盆地逃往西域南部的于阗、鄯善等地。慕容伏允心想:难道唐军还能将自己赶到西域不成,高原苦寒之地,唐军自然不会久留,只要唐军撤退,自己就可以卷土重来,再次复国。

慕容伏允的策略一经下达,几乎遭到了吐谷浑上下的一致反对。如果按照慕容伏允的要求,吐谷浑部众还要远行两千余里,沿途多盐碱地,水草匮乏,行军途中牲畜势必会大量死亡,人也就只有死路一条。况且就算是到了西域,也没有人知道在那里会遇到什么,没有人知道那里适不适合生存,而今已经被唐军追赶着逃了上千里,吐谷浑人不愿意再走了。相比较前途凶险莫测的行军,他们宁愿俯首称臣,接受唐朝的统治。

看到反对如此激烈,慕容伏允只得作罢,下令在原地伺机而动,盼着唐军能够赶紧离开。

但是李靖注定会让慕容伏允失望。在南北两路军会师以后,李靖得知了慕容伏允及吐谷浑部众所处的位置,他立刻下达了继续进军的命令,他命契苾何力、薛万均、薛万彻率军继续追击慕容伏允,誓要将其铲除。

契苾何力等人出发之后,前方传来消息,说慕容伏允驻扎在突沦川,将要逃奔到于阗。契苾何力想要乘势追击,但是之前在赤水源的惨痛失败显然给薛万均和薛万彻留下了巨大的心理阴影,他们两人坚决拒绝继续进军。契苾何力生气地说:"吐谷浑居无定所,没有城郭,随水草迁移流动,如果不趁他们聚居在一起时袭击他们,等到他们分散开来,怎么能把他们一举消灭呢?"

说完之后,契苾何力根本不管薛万均和薛万彻的态度,立即亲自挑选骁勇骑兵一千多人,直逼突沦川。见契苾何力已经率军出发，薛万均和薛万彻不得不率部紧随其后。柴达木盆地多盐碱地，唐军沿途所经过的很多水源都咸涩不堪，难以饮用，将士们不得不杀马，饮马血解渴。最终唐军追上了慕容伏允，大败吐谷浑军队，斩首数千，缴获牲畜二十多万，慕容伏允率领少数随从逃走，唐军俘获其妻子儿女。

慕容伏允虽然侥幸逃脱，但是身边只剩下了百余人。看着身边的这百余人，慕容伏允彻底绝望了，他不明白这个叫李靖的人怎么有这么坚强的毅力，步步紧逼，把自己逼到这个地步。看这架势，唐军是不可能轻易离开的，复国已成奢望。自己已经成了丧家之犬，西域诸国估计不会有人敢收留自己这个大唐的敌人，眼下真的是穷途末路了……

看来天意要灭吐谷浑，非人力所能违。东突厥颉利可汗被俘后的遭遇自己早有耳闻，自己不愿像颉利可汗一样埋骨异乡，不如死在故乡的土地上。想到这里，慕容伏允长叹一声，在一棵树上自缢而死。

慕容伏允死后，他的儿子慕容顺率众投降李靖，吐谷浑之战至此结束。

此次李靖征讨吐谷浑之战，是一场空前艰难的军事行动。唐军面临着气候寒冷、地形复杂、草场破坏、粮草匮乏等困难，但是在李靖的率领下，唐军以惊人的毅力，忍饥耐寒、爬冰卧雪，创造了高原千里大追击的军事奇迹。李靖在明知后勤力量不足的情况下，依然以莫大的勇气率军长驱深入高原陌生地域，坚定地完成了战略目标，显示了他坚忍的毅力和强大的军事能力，同时也显示出了唐军在李靖的统率下，具有极强的组织纪律性和战斗力。

评价一场战争的胜利，我们通常都会寻找装备、兵力、指挥、后勤等方面的原因，反倒是很少注重精神方面的因素，尤其是将领自身发挥出的激励作用。在战场上，李靖每次都是身先士卒，这给了唐军巨大的精神激励，这也成为李靖无往而不胜的重要原因。

征讨吐谷浑之战真正的难点并不在于唐军与吐谷浑军队在战场上的决胜，而在于唐军为了彻底消灭吐谷浑，必须面对前所未有的环境阻碍。这场空间跨度数千里的远征，从海拔不到五百米的关中平原，到海拔超过四千米的青藏高原，是一场非常严酷的生存挑战。这种巨大的挑战不仅李靖本人没经历过，唐军全军上下也没有人经历过，就算是在整个人类战争史上也不多见。

但是即便是面对如此艰苦的环境，李靖六十多岁的"老兵"毅然奔赴战场，和万千大唐将士一起栉风沐雨，经受自然环境的严酷考验，大唐士兵看见李靖的帅旗始终在离自己不远的地方迎风飘扬，这无疑给了士兵巨大的精神鼓舞。一个位极人臣的老翁尚且可以迎风而立，尚且可以战胜艰难险阻，自己身为无名小卒，又有什么好抱怨的呢，又怎能不拼上性命争取胜利呢？有如此士气，唐军自然可以无往而不胜，攻无不克。

## 第四节 西境遗事

在军事上平定吐谷浑之后，接下来的任务就是如何安抚好投降的吐谷浑部众，这其中最重要的就是先任命一个有威望的人带领吐谷浑部众。此前李靖对于吐谷浑的内部事务了解并不多，在听了投降的吐谷浑人的讲述后，李靖才知道吐谷浑的汗位继承问题有多么复杂。

早在慕容夸吕在位时，汗位继承问题就十分混乱。慕容夸吕在位长达五十多年，在其执政后期，因为年老昏聩，喜怒无常，赏罚无度，经常随意杀人。他的长子担心自己的安危，于是想先发制人，将慕容夸吕押解到隋朝，向隋朝投降。他与隋朝取得了联系，但是遭到隋文帝杨坚的拒绝。后来此事泄露，慕容夸吕就把长子杀掉了。

杀了长子后，慕容夸吕立次子慕容诃为太子。慕容诃当上太子后，也很担心父亲会杀自己，于是和兄长一样，也开始联络隋朝，希望率领麾下部众投降隋朝，祈求隋军前来接应，但是同样遭到隋文帝杨坚的拒绝。后来慕容诃死去，是不是和此次叛逃事件有关，史书上没有留下明确的记载。

591年，慕容夸吕去世，慕容世伏继位为可汗。597年，吐谷浑国内发生叛乱，慕容世伏被杀，他的弟弟慕容伏允被立为可汗。慕容伏允继位之后，迫于隋朝的强大压力，不得不把长子慕容顺派到长安去当人质。在慕容顺去了长安之后，因为短时间之内回不来，慕容伏允就把慕容顺的弟弟立为太子。607年，隋炀帝杨广发动了对吐谷浑的战争，慕容伏允大败。杨广征服吐谷浑后，把慕容顺封为吐谷浑王，以投降的吐谷浑大宝王尼洛周为辅臣，让他们回去统领吐谷浑余部。慕容顺一行人到了西平（今青海西宁）时，尼洛周被乱兵所杀，慕容顺回国受阻，不得不重新回到长安。

回到长安之后，慕容顺又在这里过了十年。李渊进入长安后，慕容顺被李渊收留。当时李渊正准备联合吐谷浑，进攻割据河西的李轨政权，于是就把慕容顺送回了吐谷浑。慕容顺从小就被送到长安，他的整个青少年时期都是在长安度过的，长期接受中原文化熏陶，所以当他返回吐谷浑后，面对的是一个生活习惯、文化习俗自己完全不适应的国家。此外，因为慕容伏允已经另立他人为太子，所以慕容顺也就失去了继承汗位的机会，只能去做一个普通的王爷，因此慕容顺的生活非常的苦闷，他整日闷闷不乐。

当李靖率军进攻，慕容伏允兵败如山倒的时候，慕容顺不仅不慌乱，反而暗自窃喜，因为他看到了登上汗位的机会。在慕容伏允年老之后，吐谷浑国内的实际掌权人是天柱王。天柱王对唐是坚定的主战派，吐谷浑和唐朝之间的一系列摩擦很多都是天柱王主使的，他要为战争的爆发负重大责任。当吐谷浑溃败之后，天柱王自然成为众矢之的。慕容顺看到了机会，他顺应民意，杀死了天柱王，率领部众投降李靖，把天柱王的首级送给李靖请功。

在接受了慕容顺的投降之后，李靖反倒是犯了难。此时的吐谷浑部众必须要选一个人来统领，如果按照中原地区的政治惯例，慕容顺作为嫡长子，自然是有着无可争议的汗位继承权，由慕容顺统领吐谷浑部众自然是再合适不过。但是慕容顺长期在长安生活，在吐谷浑内部威望不高，人心不附，也没有显示出过人的能力，所以李靖怀疑慕容顺没有能力驾驭这几十万吐谷浑部众。但是如果不选慕容顺的话，一方面是确实也找不到更合适的人，另一方面这必将会招致慕容顺的不满，届时慕容顺怀恨在心，吐谷浑肯定又要发生新的动乱。

思虑再三，李靖还是选择了慕容顺。一方面是名正言顺，因为慕容顺毕竟是嫡长子；另一方面慕容顺长期在长安生活，对于中原的习俗和文化非常了解，所以希望他能够更好地承担起维护唐朝和吐谷浑之间和平稳定的责任。但是鉴于慕容顺缺乏威望和能力，所以必须由唐军来做慕容顺的后援和依靠，以维持吐谷浑内部的稳定。

想法已定，李靖把自己的想法上书李世民，请李世民定夺。五月下旬，李世民下诏，封慕容顺为西平郡王，任命其为趉故吕乌甘豆可汗，统领吐谷浑部众，同时让凉州都督李大亮率领精兵数千驻扎在吐谷浑的边境地区，作为慕容顺的军事支持，以备不测。

李世民保存了吐谷浑可汗和基本的政治架构，将其作为藩属国加以管理。李世民之所以会采取这种处理方式，并不是李世民本人对吐谷浑发善心，或是因为慕容顺主动归降而采取的，主要原因还是吐谷浑政权名义上的存在，不仅不会影响唐朝向西的发展，反而会对其他少数民族的归附产生有益的影响，减少边境战事。

就在李靖正忙于安定吐谷浑的时候，一名使者请求见他。这名使者穿着他从没见过的衣服，说着他完全听不懂的语言。借助一名吐谷浑人做翻译，李靖才明白，这名使者来自一个叫作吐蕃的政权，离吐谷浑有千余里，听闻大唐征服吐谷浑，所以奉命前来觐见大唐将军。

对于吐蕃，李靖只是知道有这个政权存在，至于具体情况一无所知。在向熟悉吐蕃的吐谷浑人打听之后，李靖才了解了这个政权的一些基本情况。

吐蕃是古代藏族在青藏高原建立的政权，首都逻些（今西藏拉萨）。吐蕃的首领被称为赞普，贞观三年（629年），仅仅13岁的松赞干布继位为赞普，成为吐蕃的统治者。松赞干布年少有为，他继位之后加强王权、整顿军队、创立文字、制定刑律，吐蕃政权不断发展壮大，吞并了周围的很多部落，几乎统治着整个西藏地区。

作为一名军人，李靖对于吐蕃的军事情况更感兴趣。在了解吐蕃的军事情况之后，李靖隐约感觉到了一丝不安。

吐蕃是一个非常尚武的国家，吐蕃人日常训练武艺，刀剑不离身。与尊老爱幼的中原人不同，吐蕃人最敬重的是身强力壮的年轻人，他们鄙视那些老弱之辈，所以日常生活中父母要叩拜儿子，出行的时候年轻人走在前面，老年人走在后面。每次作战的时候，吐蕃人军令严肃，只有前队全部战死，后队才前进，他们以战死沙场为荣，以老死病榻之上为耻。如果家里每一代都有人战死，那么吐蕃人称之为"甲门"，这是巨大的荣耀；如果有人在战场上临阵败北逃跑，那么就在他家门上悬挂一条狐狸尾巴，表示他像狐狸一样怯懦。

在听到这些之后，李靖敏锐地察觉到，这个名叫吐蕃的政权将有可能是比吐谷浑还要难对付的敌人。未来大唐西部边境是不是安定，也许就要看吐蕃会不会与大唐为敌了。李靖把这个使者打发走了，他准备在回到长安之后，将他所了解到的关于吐蕃的情况向皇帝详细汇报。

现在吐谷浑已经基本安定，吐蕃短时间内还构不成威胁，到了回长安复命的时候了。已经在这高原苦寒之地待了两三个月，李靖感觉自己的身体状况越来越差了，连日来腿疾经常复发，走路、上马都开始受影响，不能在这里再待下去了。贞观九年（635年）六月，李靖率军班师回朝。

在回去的路上，李靖路过了青海湖。此时的青海湖波光粼粼，水平如镜，远处碧水蓝天相接，让人分不清哪是天哪是水。这是一片多么令人沉醉的秘境啊！在那天地的尽头，高山白雪，晚霞如火，奏响了一曲冰与火的赞歌……

虽然此前征讨东突厥也是一场大胜，但是当年卫青、霍去病也曾做到，前有古人，自己只是那个来者。但是这一次，自己真正做到了前无古人，从来没有任何一支中原军队能在这雪域高原取得如此辉煌的胜利。想到这里，李靖不禁感到自豪，为自己，也为英勇的大唐将士。

唐军越走越远，青海湖越来越小。李靖最后一次回首，看了一眼这片美丽的水域：这应该是自己最后一眼看到西海了，我已经做到了前无古人，以后会有来者吗？肯定会的，大唐万千忠勇男儿，肯定会有来者的！

在李靖班师之后，吐谷浑的问题并没有结束。负责帮助慕容顺的李大亮并没有承担好自己的责任，慕容顺当上可汗之后仅仅半年，就在当年十二月被部下所杀。这次吐谷浑动乱，主要有两个原因：一方面如李靖所担心的，慕容顺长期生活在长安，在吐谷浑威望不足，他本人受汉文化影响很深，采取的一些措施并不符合吐谷浑部族的习俗，因此招来了反对的声音；另一方面，慕容顺在吐谷浑内部一些旧臣的威逼利诱之下，阴谋反抗唐朝，这就激化了吐谷浑内部主战派和主和派之间的矛盾。两个原因的共同作用之下，吐谷浑内部发生动乱，慕容顺被杀。慕容顺死后，李世民下诏立慕容顺的儿子诺曷钵为吐谷浑可汗。

但是诺曷钵年幼，难以镇抚国内，所以吐谷浑内部大臣争权夺利，明争暗斗，甚至兵戎相见，吐谷浑大乱。李世民无奈，只得于635年十二月再派侯君集率军平定吐谷浑内乱，此后吐谷浑才逐渐趋于稳定。636年三月，诺曷钵请求在吐谷浑内部使用唐朝历法和年号，并派遣王族成员前往长安，这表明吐谷浑真正愿意成为大唐的藩属国。李世民封诺曷钵为河源郡王、吐谷浑可汗。同年十二月，诺曷钵亲自前往长安觐见李世民，并请求通婚，李世民将弘化公主嫁给诺曷钵。此后，唐朝和吐谷浑之间的关系越来越密切。

后来，李靖曾经的担忧不幸成为现实——随着实力的不断发展壮大，吐蕃成为唐朝西部边境新的威胁。贞观十二年（638年）八月，吐蕃大举进攻吐谷浑，同时袭扰唐朝边境。李世民派侯君集、执失思力率五万大军反击，在松州（今四川松潘县）击败吐蕃军队。松赞干布下令撤军，派使者向李世民请罪，并请求通婚。李世民答应了松赞干布的请求，于贞观十五年（641年）将宗室女文成公主嫁给松赞干布，此后唐和吐蕃之间维持了较长时间的和平。

百年之后，755年唐朝发生安史之乱，唐玄宗从长安逃到四川，由于唐朝抽调了大量对付吐蕃的军队去平乱，使得西部防务空虚，吐蕃趁机占领了陇右、河西大片土地。763年，吐蕃军队甚至攻陷了唐朝首都长安，吐蕃已经成为唐朝最大的外来威胁。吐蕃能强盛到如此地步，如果李靖泉下有知，应该也会感到震惊吧……

# 第八章 生荣死哀

## 第一节 阖门自守

贞观九年（635年）六月，远征吐谷浑的战争结束了，李靖率军凯旋，回到长安。之前东突厥战事结束后李靖遭到了萧瑀的弹劾，而他此次回朝面对的问题更加棘手。与此次出征相关、接连发生的三件事让李靖猝不及防，身心俱疲。

首先是岷州都督、赤水道行军总管李道彦偷袭党项。

在进攻吐谷浑之前，为了让党项人作为向导帮助唐军，李靖送给了他们大量财物。党项首领拓跋赤辞对李靖说："隋朝的官员对我们毫无信义，经常欺压、掠夺我们。如果您对我们能以礼相待，我们不仅可以做向导，还会为唐军提供粮草。但是如果唐军和隋朝时一样，那么我们将据险防御，唐军别想从党项人的地盘上过去。"李靖当即答应，并和拓跋赤辞结盟。

随后李道彦率军从党项人的活动区域经过。在唐军行至阔水（今四川若尔盖县西之黑河）的时候，李道彦看到拓跋赤辞毫无防备，同时又觊觎党项人的财物，于是率军突然发难，抢走了牛羊数千头。听闻唐军背信弃义，抢掠财物，拓跋赤辞非常愤怒，正好慕容伏允派人劝说他背叛唐朝，于是拓跋赤辞率军反唐，占据野狐峡（今四川若尔盖县内），阻塞唐军前进的道路。拓跋赤辞还以其人之道还治其人之身，率军偷袭唐军，李道彦一败涂地，死伤万余人，不得不率领残部狼狈地逃回松州（治所在今四川松潘）。因为损失巨大，李道彦这一路唐军没有参加此后征讨吐谷浑的作战。

李道彦置大局于不顾的行为让李靖非常愤怒，因为这不仅仅让李靖麾下少了一路军队，更重要的是极大地损害了唐军的形象，损坏了大唐的信誉。这样一来，西境的少数民族都会觉得大唐言而无信，唐军纪律败坏，而李靖作为一军之帅，出尔反尔，狡黠诡诈。自己花了那么多的精力、财力建立起来的信任，瞬间就被李道彦的鲁莽摧毁殆尽。回到长安后，李靖向李世民报告了事件经过，要求严惩李道彦。或许是因为李道彦是皇族成员，李世民并没有将李道彦处死，只是将他流放边关。

其次是契苾何力和薛万均争功。前文已经讲过，在追击慕容伏允的过程中，薛万均、薛万彻畏缩不前，契苾何力坚持深入追击，最终立下大功。战后，李世民派使者到大斗拔谷（今甘肃民乐）慰劳唐军士兵，薛万均却耻于功劳名列契苾何力之下，于是向使者诋毁契苾何力，甚至说那些战功都是自己立下的。听闻此事契苾何力非常气愤,拔刀而起,要杀掉薛万均,众将立刻上前制止契苾何力,这才救了薛万均一命。

李世民就此事责问契苾何力,契苾何力向他详细解释了情况,李世民听闻后勃然大怒,要撤掉薛万均的官职转而授予契苾何力,契苾何力执意推辞,说:"虽然陛下是由于我的缘故而解除薛万均的官职,但是其他的胡人官员并不知情,他们还以为陛下重视胡人而轻视汉人,如果以讹传讹,此类纠纷必然多起来。而且这会使胡人认为汉人将领们都像薛万均一样怯阵,恐生轻视汉人之心,于大唐不利。"李世民对契苾何力的观点非常赞赏,就没有处置薛万均。不久李世民命令契苾何力担任玄武门宿卫官,并将宗室之女临洮公主许配给他,以表重视。

最严重的一件事是利州刺史、盐泽道行军总管高甑生诬告李靖谋反。635年三月,高甑生率军在洮州(治所在今甘肃临潭)击败叛乱的羌人后,便滞留不前。七月,盐泽道行军副总管刘德敏再次击败羌人,羌人的叛乱才算基本平定。此时李靖大军早已平定吐谷浑。高甑生没有迅速平定羌人叛乱,延误了参战时间,李靖按照军法对其进行了处罚。高甑生对此怀恨在心,回到长安之后,竟然串通广州都督府长史唐奉义诬告李靖谋反!

高甑生、唐奉义诬告事件,是李靖晚年遇到的最大危机。高甑生在《旧唐书》和《新唐书》中都没有单独的传记,流传下来的事迹也很少。他早年是李世民麾下一员将领,留下的记载中最著名的事情是与尉迟敬德一起生擒王世充的侄子王琬。

唐奉义,在隋朝时曾经担任负责城门警卫的城门郎,随隋炀帝杨广南巡江都。618年，宇文化及等人在江都发动兵变，杀死杨广，唐奉义追随宇文化及参与了这场兵变。后来唐奉义投降唐朝，官至广州都督府长史。但是弑君毕竟是古代最严重的罪行，所以李世民于贞观七年（633年）正月下诏，江都兵变的参与者，包括宇文化及、宇文智及、司马德戡、唐奉义等人，虽然本人的罪行不再追究，但是子孙后代全部不许做官。

高甑生诬告李靖可以理解，毕竟李靖处罚了他，那为什么唐奉义要掺和这件事呢？从有限的历史记载看，唐奉义和李靖并没有什么交集，史书上也没有记载唐奉义参与此事的原因，所以我们根据当时的历史情况推测：有可能唐奉义急于立功以免除皇帝对自己的处罚。

中国古代讲究"学而优则仕"，当官才是正途，而唐奉义因为参与弑君，被李世民下令子孙不得为官，这对于唐奉义和他的家族无疑是一个巨大的打击。弑君是重罪，是不能轻易洗刷的。走投无路之下，高甑生拉拢唐奉义一起告发李靖谋反，如果成功了，那无疑是大功一件，自己的罪名也就有了洗刷的可能。所以，唐奉义铤而走险，参与告发李靖。

高甑生、唐奉义诬告李靖的动机有了，那为什么要两个人联合呢？告发谋反，是获益极大同时风险也极大的事情，有人因为告发谋反而被杀，也有人因为告发谋反而飞黄腾达，这在历史上屡见不鲜。所以告发谋反多数时候都是个人行为，一般是不会找人合作的，因为一方面人多嘴杂，事情有泄露的风险，另一方面成功了的话就有人来分功劳。联合告发谋反，这在历史上是很少见的。

首先有一点可以确定,那就是两个人肯定交情匪浅,高甑生和唐奉义有可能都是江都隋军中的人,两人相识日久,都在江都兵变后随宇文化及北返,而后辗转归顺唐军,只不过后来高甑生进入秦王府,得到了李世民的重用。李世民麾下来自江都隋军中的人并不少,最著名的就是宇文化及的亲弟弟宇文士及。高甑生和唐奉义两个人应该此前已有交情,所以才能一起做这件事。而促使这两个人联合,肯定还有更重要的原因。要想讲清楚这个问题,我们有必要先从为什么要给李靖安上"谋反"这个罪名讲起。

如果想诬告李靖,那么"谋反"是最不让人信服的罪名,因为根本就没人信。你可以给李靖扣上贪污、渎职、指挥不力、约束军纪不力等等罪名,因为这些罪名至少在理论上是有可能成立的,但是唯独"谋反",在理论上都不可能发生。

从年龄上,李靖已经65岁,行将就木之人,这个时候为什么要造反,晚节不保,又给自己带来灭族之灾?

从目的上,李靖官至尚书右仆射,被封为代国公,官职升无可升,爵位封无可封,已经是位极人臣了。朝堂之上人尽皆知,李靖从来不结党营私,他也不依附于任何的政治派别,他谋反能图什么呢?难不成李靖想当皇帝吗?李靖没疯,不至于有这么疯狂的想法。

从时间上,造反肯定要选自己权力最大、手握重兵的时候,此前李靖赋闲在家半年多,已经失去统领大军的权力了,也就是说李靖早已经过了造反的最佳时机,此时造反从他的实力上来说难度非常大。

在情理上,李靖以品德高尚、对李世民忠心耿耿而留名千古,再加上李世民对他恩同再造,这么多年来一直封赏有加,未曾亏待于他,李靖根本没有理由造反。

从现实可能性上,此时天下统一,人心思定,没有人再愿意打打杀杀,就算是李靖要造反,也没有多少人会支持。再说李世民英明神武,文韬武略,又正值壮年,李靖就算是再自信,应该也不会觉得自己能胜过李世民。

所以说李靖谋反,根本就是个伪命题,李世民根本不会相信。高甑生、唐奉义不是傻子,他们不会不清楚这一点,但是他们依然选择诬告李靖谋反,这就表明他们至少在理论上把"李靖谋反"这件事讲通了,让李世民不得不怀疑确实有可能。那怎么做到这一点呢?唯一可能的解释就是,高甑生、唐奉义诬告的,并不是李靖现在想造反,而是曾经试图造反,是在李渊统治时期有造反的念头。

如果诬告李靖要造李渊的反,那就完全说得通了。而诬告李靖造反最合适的时机,就是在他招抚岭南的时候。621年,李孝恭、李靖平定萧铣之后,李靖被任命为岭南道安抚大使、检校桂州总管,统管岭南地区事务。此时天下未定,岭南偏居一方,如果以此诬陷李靖想趁着李渊鞭长莫及之时割据称王,是说得通的,因为这在历史上有成功的先例,比如赵佗建立南越。

这样一来,弹劾李靖谋反的事情就有些清晰了,整件事情有可能是这样的：唐奉义担任广州都督府长史，就在岭南地区任职，在唐奉义去长安的时候，高甑生告诉他自己想报复李靖对自己的惩戒，但是苦于找不到李靖的把柄，而唐奉义也想借机立功，于是说自己可以捏造李靖在安抚岭南时试图谋反的证据。两个人一拍即合，联名告发李靖在岭南时曾经试图谋反，自立为王。

一封告发李靖谋反的奏章交上来，就算是再信任李靖，李世民也不得不怀疑到底有没有这事，毕竟那时候自己和李靖的交往还不深，他也没有把握完全否定这件事。于是李世民命令有关部门调查。清者自清，李靖从没有过谋反的想法，就算是唐奉义可以捏造证据，但是假的就是假的，是经不起严加调查的。调查之事是皇帝下旨，事关代国公李靖的声誉，相关部门没有人敢怠慢。经过一番调查，最后得出结论：李靖造反查无实据，高甑生、唐奉义实属诬告。

李世民得知后大怒，在贞观九年（635年）八月下令，将高甑生、唐奉义流放边关。高甑生曾经是秦王府的猛将，人脉很广，所以很多秦王府的旧臣都向李世民求情说："高甑生毕竟曾经是秦王府的功臣，还请求陛下看在他过去立过大功的份上，赦免他的罪过。"

对此李世民表示："高甑生违背了李靖的军令，又诬告李靖谋反，如果这都可以原谅的话，那置国家法度于何地！自从晋阳起兵以来，功臣众多，如果此次高甑生犯法可以得到赦免，那以后每个犯法的功臣，朕是不是都要赦免呢？对于过去的功臣，朕从不敢忘记，但正因为如此，朕才不敢赦免高甑生，以防止类似情况再出现。"

按照唐代律法，下级告发上级，如果查出来是诬告，那么诬告者要按照诬告的罪名实施反坐，也就是说既然高甑生告发李靖谋反属于诬告，那么就要用"谋反"这一罪名来惩处高甑生。如果真的按照律法，谋反再加上贻误战机，高甑生肯定是要被处死的，但是李世民只对他处以流放，实际上已经是法外开恩了。

李道彦偷袭党项，给国家抹黑，让李靖的一番心血付诸东流；契苾何力和薛万均争功，年轻将领之间不能和睦相处，这让李靖感到心痛；高甑生、唐奉义诬告谋反，更是让李靖再次陷入舆论漩涡。这一桩桩、一件件，都让年岁已高的李靖再次对朝堂之事心灰意冷、身心俱疲。

自己一生为公为国，鞠躬尽瘁，但是为何总是得不到应有的回报？征讨东突厥归来，被萧瑀诬告军纪不严；征讨吐谷浑归来，被高甑生、唐奉义诬告谋反。现实仿佛一直在给自己开玩笑，总是在自己得胜归来、内心喜悦之时，给自己浇上一盆冷水，让自己瞬间清醒，胜利的喜悦仿佛从来没有持久过。不过这样也好，至少自己不会得意忘形。

想到这里，李靖不禁苦笑了一下。

罢了，罢了，所有的加官晋爵、富贵荣华，都不过是身外之物，天下于我何加焉？

李靖累了，真的累了，已经这把年纪，该休息一下了……

于是，李靖回家，他对自己的管家说："从今天开始，阖门自守,谢绝所有宾客往来,即使是至亲之人,没有我的允许,也一律不得进门。"

就这样,李靖把自己关在属于自己的那一方天地里面,开始静心读书品茶,抚子弄孙,静享内心的那一片安乐。

某日,李靖读《史记》,读到了西汉初年诸功臣的传记:韩信统百万之军,战必胜,攻必取,但是功高震主,最终被吕后擒杀;萧何镇国家,抚百姓,鞠躬尽瘁,但是不得不通过贪腐自污名节,才保得晚年平安;张良运筹帷幄之中,决胜于千里之外,但是也不敢贪恋权力,最终远离庙堂,明哲保身。

看到这里,李靖合上书,不禁感叹:功臣难保晚节,自古及今莫不如是,比起韩信,自己能在这里读书品茶,已经很幸运了⋯⋯

## 第二节 绘像凌烟阁

贞观九年(635年)十月,一场隆重的葬礼在首都长安举行,下葬之人是大唐的建立者——李渊。

这一年五月初六,在当了九年太上皇之后,李渊病逝,享年七十岁。十月,李渊被埋葬在献陵(在今陕西三原),庙号高祖,谥号太武皇帝。

在葬礼上,送葬的队伍很长,身为代国公的李靖自然也在其中。在路上,李靖不断回忆起自己与李渊的往事。

对于李渊，李靖的感情是非常复杂的。于公，李渊太原起兵，廓清寰宇，一统天下，结束隋末乱世，让天下百姓重新过上了太平日子，实在是功德无量，堪称一世英豪。但是于私，因个人恩怨，李渊两次想要杀掉自己，要不是李世民化解危机，自己早就是刀下之鬼，李渊也从来没有真正把自己当作心腹之人，自己和李渊着实没有什么私交可言。但是李渊既然已经故去，那么所有的恩怨就都让它随风而逝吧。

对于李渊的去世，李世民表现得悲痛异常。李渊刚刚去世，李世民就表示自己因为悲伤过度，没法处理军国大事，下诏所有政务都由太子李承乾处理，群臣要辅佐好太子。六月，群臣再度请求李世民听政，李世民答应了，但是仍然只处理部分大事，大部分事务仍交给太子处理。

虽然太子也很聪明，能够承担部分政务的处理工作，但是他毕竟只有17岁，政务处理能力比起李世民来差得很远。因为皇帝守丧不出，导致大量的政务无人能够决策，到了这年十一月，这个问题越发严重，群臣都感到很难办。众人想来想去，决定找一个德高望重、在皇上面前说话有分量的人去劝劝皇上，想来想去他们觉得李靖最合适。

于是众大臣集体来到李靖府上，李靖虽然阖门自守，但是看到这么多大臣来了，他也不能不见。听他们说完了来意，李靖表示："陛下是在行人子之道，孝心可感天地，老夫实在是不便相劝。再说，老夫不过一闲居之老翁，不便再参与朝中之事。"

但是众大臣依然苦苦请求，李靖盛情难却，只得表示自己年老，不便入宫，就写一封奏折呈交给皇上吧。于是李靖上书皇帝，陈明当日之事，他告诉皇帝，他既为人之子，也为天下之主，应当为社稷苍生思虑，希望皇帝能够临殿听政，重整朝纲。虽然李靖的请求不出意外地遭到李世民拒绝，但是或许是李靖的奏折起到了一点作用，一个多月后的次年正月，李世民终于开始重新听政。

贞观十一年（637年）六月，为了更好地表彰功臣们的功绩，李世民任命十四名功臣为刺史，这一职务可以世袭，更重要的是世袭这一职务的功臣子孙，没有犯重大错误的话不能被罢免，李世民还将这些功臣的封国名称进行了改动。

但是此事遭到长孙无忌等人的反对，长孙无忌认为实行这一措施有害无益，于是上书道："臣等披荆斩棘，侍奉陛下，如今四海一统，陛下却让我们世代去外地州郡任职，这跟流放有何不同？"唐太宗叹道："分封功臣，是要让你们的后代世代捍卫皇室。你们却把我这山河般庄重的誓言看得如此淡薄，反而心有怨言，我又怎能勉强诸位到封地去呢？"分封之事就此作罢。

长孙无忌之所以反对，主要还是因为分封早就已经违背了时代的需求。自从隋代实行科举制以来，选拔人才唯才是举，不看门第出身，已经越来越成为一种社会共识。奖赏有功之臣，可以给予其世袭的爵位和待遇，但是不能给予世袭的权力。如果权力可以世袭，那么功臣后代中一旦出现无才无德之人，结果只能是祸国殃民，同时也污损了功臣的声誉。

贞观十四年（640年），李靖遭遇了一场家庭变故——他的妻子去世了。

关于李靖的妻子,流传最广的自然是红拂女的故事。这个故事出自唐代传奇小说《虬髯客传》,据说作者是唐朝末年的杜光庭(850—933年),故事收录于《太平广记》中,大体内容是:

隋朝末年,大臣杨素手握重权。一天,布衣书生李靖求见杨素,两人相谈甚欢。正当两人说话之时,杨素府中有一名相貌出众、手执红色拂尘的侍女,独自偷偷地看着李靖。

李靖回到住处后,那晚五更刚过,忽然听见有人轻声叩门,李靖开门后发现是一个穿着紫衣戴帽子的人。对方说:"我是杨家执红拂的侍女。"李靖于是请她进来。李靖发现是一个十八九岁的美丽女子。女子说:"妾侍杨司空久,阅天下之人多矣,无如公者。丝萝非独生,愿托乔木,故来奔耳。"此女自认侍奉杨素已久,见过各种各样的人,但是那些人没有比得上李靖的,所以前来想要和李靖私奔。

李靖说:"杨司空在京师位高权重,万一他追捕我二人可怎么办?"红拂女答:"他不过是垂死之人,不值得害怕。我们这些侍女都知道他难成大事,所以这些年逃走的人也很多,他也很少追究,希望你不要疑虑。"

李靖意外获得这样一个女子的倾慕,心中顿生豪情,红拂女着男装,骑马和李靖一道回太原。后来李靖官居高位,两人做了一对神仙眷侣。

在正史中并没有记载李靖妻子的名字,甚至连姓都没有留下,这不得不说是一个很大的遗憾。《虬髯客传》中将红拂女这样一位才貌双全的女子设定为李靖的妻子，这让所有李靖的崇拜者们都感到很满意，因为在世人的心里，李靖的妻子本来就应该是一位很优秀的女子，这样才能配得上李靖。

虽然红拂女只是文学作品中的虚构人物，但是在湖南省醴陵市真的有一座红拂墓。相传李靖率军平定萧铣后，继续南征岭南。途经醴陵时，随其出征的妻子红拂女不幸染病身亡。李靖只好将爱妻安葬于醴陵西山，并在此修建靖兴寺，募僧守护。红拂墓是何时所建，已经不可考。

虽然红拂女并不存在，但是李靖妻子去世这件事在当时是很受重视的。因为按照古代的规矩，妻子死后一般是要和丈夫合葬的，李靖的妻子身为国公夫人不能草草埋葬，必须为其选择一块合适的墓地，因为这块墓地以后也要用来安葬李靖。对于这块墓地的位置、大小、形制都必须进行谨慎的选择和规划，这不是李靖能够决定的，必须由皇帝决策赏赐。

对于李靖陵墓的位置和规格，李世民丝毫不敢马虎。李靖戎马半生，战功赫赫，堪称大唐的"定海神针"，他的陵墓必须要用最高的规格，才能彰显其一生的功绩，彰显自己对人才的尊重。最终李世民下诏：允许将李靖的陵墓安置在自己的陵墓昭陵旁边，陵墓的形制规格仿照汉朝卫青、霍去病的旧例，在陵墓上面堆两个巨大的封土堆，封土堆的形状要像突厥境内的铁山和吐谷浑境内的积石山一样，以彰显李靖平灭东突厥和吐谷浑的伟大功绩。

在接到皇帝的圣旨之后，李靖深感皇恩浩荡，不禁老泪纵横。

将自己的陵墓安置在昭陵旁边，这是表示两个人要世代相守、永为君臣。

汉武帝时期，卫青收复阴山和河套，汉武帝为纪念他彪炳青史的战功，为卫青修建了一座阴山形状的陵墓；霍去病收复祁连山和河西走廊，汉武帝将霍去病的坟墓修成祁连山的模样。不过卫青、霍去病都没有在生前看到自己陵墓的样子，而自己却在死前就能看到自己陵墓的宏伟景象，这真是旷古未有的恩赏。

得遇如此明主，虽死何憾？

贞观十七年（643年）二月，李世民怀念往事，追忆当年金戈铁马、气吞万里的战斗岁月，命令著名画家阎立本为二十四名功臣绘制画像，然后将画像藏于宫内的凌烟阁，作为人臣荣耀之最，这就是著名的凌烟阁二十四功臣。以下是二十四功臣的姓名、职务（退休或去世的人为曾任最高职务，在职的人为时任职务）及爵位（去世的人均为生前最高爵位）：

司徒、赵国公长孙无忌；

扬州大都督、河间郡王李孝恭（已故）；

尚书右仆射、莱国公杜如晦（已故）；

侍中、郑国公魏徵（已故）；

司空、梁国公房玄龄；

尚书右仆射、申国公高士廉；

右武候大将军、鄂国公尉迟敬德（已退）；

尚书右仆射、卫国公李靖（已退）；

岐州刺史、宋国公萧瑀；

左骁卫大将军、褒国公段志玄（已故）；

右骁卫大将军、夔国公刘弘基（已退）；

兵部尚书、蒋国公屈突通（已故）；

陕东道大行台吏部尚书、郧国公殷开山（已故）；

右骁卫大将军、谯国公柴绍（已故）；

左骁卫大将军、薛国公长孙顺德（已故）；

工部尚书、郧国公张亮；

吏部尚书、潞国公侯君集；

代州都督、邹国公张公谨（已故）；

幽州刺史、卢国公程知节；

秘书监、永兴县公虞世南（已故）；

刑部尚书、邢国公刘政会（已故）；

户部尚书、莒国公唐俭；

兵部尚书、英国公李勣；

左武卫大将军、翼国公秦琼（已故）。

此后，绘像凌烟阁便成为唐代豪杰报国的最高追求，也成为历朝历代人臣功勋卓著、流芳千古的象征。唐代诗人李贺《南园十三首》有诗云："男儿何不带吴钩，收取关山五十州。请君暂上凌烟阁，若个书生万户侯？"

能够绘像凌烟阁，李靖自然是欣喜不已，而另一个人此时心情却不大好，这个人就是当初李靖在平定萧铣之后收获的人才——岑文本。

岑文本在由江陵来到长安之后，深得李世民赏识，官运亨通,此时的岑文本刚刚被李世民任命做了中书省的最高长官中书令。得到如此高的官职,一般人肯定欣喜若狂,岑文本却恰恰相反,他始终面带忧色。他的母亲感到奇怪,问他为什么,他回答说:"我既不是勋贵又不是旧臣,过度承受宠荣,责重位高,所以忧惧。"

内心忧虑的岑文本来到李靖的府邸拜访,想请李靖为自己出主意,如何在这高位上安安稳稳地坐下去。

见到岑文本之后,李靖笑道:"亲朋好友听说你升了官,都前来庆贺,你却说今日只接受吊丧,不接受祝贺。可有此事?"

岑文本说:"确有此事,担任中书令这样的要职实在是让我惶恐不已,我哪能当得了这么高的官职!"

李靖说:"我听说有人让你多购置田产,以保后半辈子衣食无忧,你也没有接受,这又是为何呢?"

岑文本说:"是的,我不过是南方一平民,徒步入关,往日对仕途的希望,不过一县令罢了。我身无寸功,只因文墨之技就做到了中书令之位,承受的俸禄之重,已经让我诚惶诚恐,怎么还能再谈置买田产?我现在应该怎么办才能保全自己,还请卫国公指点!"

李靖沉思了一下说道:"我能送你的只有一句话,忠于国家,忠于陛下,但求问心无愧。"

岑文本站起来,俯身拜谢:"谨遵卫国公教诲!"

此后在中书令这一岗位上,岑文本尽忠职守,深受李世民信任。后来岑文本在跟随李世民远征辽东的途中病逝,李世民伤心不已。

在凌烟阁二十四功臣绘像刚刚结束不久,朝廷就发生了一场中枢巨变。前文已经提到过,李世民对待众皇子的政策隐藏着巨大的危机。在酝酿多年之后,这一危机开始爆发。

对于四子李泰,李世民越来越宠爱他。在如此盛宠之下,李泰自然开始野心膨胀,觊觎太子之位。李泰暗结朝臣,组织朋党,攻击太子,朝中很多大臣都主动投靠在李泰门下。对于李泰的所作所为,李承乾也有所察觉。李承乾脚有残疾,行动困难,自己本就因此而苦闷,再加上来自李泰的威胁,他的心理开始失衡,逐渐肆意妄为,甚至召集刺客暗杀李泰,但是没有成功。同时,李承乾也在朝内不断发展自己的势力,他找到了一个人——侯君集。

李承乾之所以要勾结侯君集,是因为侯君集此时过得也不开心。贞观十四年(640年),侯君集率军远征西域国家高昌(今新疆吐鲁番),战争非常顺利,很快就结束了。但是战后侯君集在未奏请李世民的情况下,私自将一些没有罪的人发配,又私自将高昌国的宝物据为己有。手下将士们知道后也开始盗取战利品,侯君集害怕自己的事情被揭发,于是就没有对这些部下治罪。班师回朝后,有人告发了此事,李世民下令将侯君集下狱治罪,经过岑文本的劝说,李世民才释放了侯君集,但是侯君集对此耿耿于怀。

侯君集想到了当初李靖的经历。李靖征讨东突厥归来,被萧瑀弹劾军纪不整,私吞战利品,结果李世民只责备了李靖一通便了事，李靖该有的封赏一样都没少。自己的行为和当初李靖一样，结果皇帝竟然把自己直接下狱治罪了，虽然后来被释放，可是本该有的封赏却被一笔勾销，这实在是太不公平了！不过侯君集明显没有搞明白一件事情，那就是李世民之所以对李靖宽容，是因为李靖是真的清白；李世民之所以对侯君集严厉，是因为他真的犯了错。李世民的处理是公允的，是没有问题的。

贞观十七年，张亮被派往洛阳任都督，侯君集在送别张亮的时候抱怨道："我平一国，还触天子大嗔，何能抑排！郁郁不可活，公能反乎？当与公反耳。"①他为自己的境遇抱不平，甚至询问张亮能不能趁势造反。张亮将侯君集的话告诉了李世民，李世民对张亮说："你和侯君集都是功臣。这些话侯君集只告诉了你一个人，并无证据，还是静观其变为好。"于是李世民将这件事暂且放下，对待侯君集还是和以前一样。

在接到太子李承乾投来的橄榄枝后，侯君集立刻积极回应。侯君集多次到东宫与太子商议，挑动李承乾谋反，他举起自己的手对李承乾说："这可是一只可以指挥千军万马的手，当为太子所用。"在侯君集的劝说下，李承乾决定起兵谋反。

贞观十七年四月，李世民第五子齐王李祐谋反，被迅速平定。李承乾的部下纥干承基打算勾结齐王作为外援，此时正好在齐王的封地，结果一并被抓，纥干承基为了保命，就将李承乾要谋反的事情一五一十地说了出来。李世民震惊之下，只得将李承

---

① ［后晋］刘昫：《旧唐书》卷六九《侯君集列传》，中华书局1975年版。

乾幽禁，又命令长孙无忌、房玄龄、萧瑀、李勣、岑文本等人组成调查团，调查审理此事。

事发之后，侯君集很快被抓。李世民依然觉得侯君集有安定国家的大功，不想治侯君集的死罪，但群臣进谏，说侯君集的罪天理难容，必须处死。李世民无奈之下只好同意，另外将他的妻子和一个儿子流放岭南。

对于李承乾，李世民并没有杀他，只是把他流放到黔州（治所在今重庆彭水）。两年后李承乾在黔州去世，年仅27岁。对于李泰，为了防止他继位后对李承乾痛下杀手，李世民对他也没有继续偏袒下去，将其降为东莱郡王，后又将其改封为顺阳王，迁居到郧乡（今湖北郧县），李泰最后亦英年早逝。最终，第九子李治被李世民立为皇太子，成为这场政变最大的获益者。

在这次政变中，李靖也受到牵连。他的儿子李德謇当时担任将作少匠。将作监是唐代的宫廷机构，掌管宫室建筑、金玉珠翠和精美器皿的制作和纱罗缎匹的刺绣，以及各种日用器皿打造等事务。李德謇与李承乾关系要好，结果在李承乾谋反案中也受到牵连，本来被判处流放岭南，但是李世民顾念到李靖的功绩，改为流放苏州。苏州在当时是富庶之地，所以算不得是受苦，只是一次训诫。

案件还牵连到杜如晦的儿子杜荷，与李德謇不同，杜荷是此次谋反的直接参与者，被李世民下令斩首，丝毫没有顾及杜如晦的功绩。

听闻这场宫廷剧变的消息后，赋闲在家的李靖伤心不已，既伤心于自己的儿子遭遇横祸，也伤痛大唐的国难。当今大唐国势蒸蒸日上，兵威远布四海，到头来竟然还是没逃过宫闱生变、祸起萧墙之事。在这场政变中，两位优秀的皇子李承乾和李泰的政治生命宣告结束，名将侯君集、左屯卫中郎将李安俨、杜如晦的儿子杜荷都被斩首，皇上的弟弟、著名书法家和画家李元昌被赐死。众多优秀人物的损失，对于大唐来讲无疑是一场灾难。

对于侯君集，李靖尤其觉得可惜。虽然自己对于侯君集没什么好感，但是在征讨吐谷浑、平定高昌的战斗中，侯君集却也表现出了优秀的作战素养，已经成为大唐国防安宁的重要支柱之一，落得如此下场，实在是让人叹息。不过侯君集这也算是咎由自取，皇帝对他恩重如山，他不仅在战场上肆意妄为，被陛下处罚之后不知悔过，反倒内心生怨，竟敢挑唆太子谋逆，实在是不应该。

## 第三节 高句丽遗恨

高句丽，由中国古代东北地区的扶余人建立。西汉建昭二年（公元前37年），扶余人朱蒙建立高句丽政权，其统治范围在今吉林和辽宁交界地区。高句丽初期都城在今辽宁桓仁，公元3年迁至今吉林集安，427年再迁至朝鲜平壤。高句丽强盛时的疆域，东部濒临日本海，南达朝鲜半岛汉江流域，西北跨过辽河，北部到辉发河流域。

后来，高句丽改称高丽，关于改名的具体时间，学术界有不同说法，但是基本都认为是在南北朝时期，为了与之后朝鲜的高丽政权相区分，本书仍称其为高句丽。

在与中原王朝的关系方面，高句丽和其他少数民族一样，大部分时候都处在中原政权的羁縻体制之下，其君主在名义上需要由中原政权任命，同时向中原王朝朝贡，但是可以自主管理内部事务。

李世民之所以决定征伐高句丽，是因为高句丽对于唐朝的威胁实在是太大了。经过与唐朝二十多年的战争，到总章元年（668年）高句丽灭亡时，唐朝统计的高句丽人口是69万户，贞观年间人口肯定更多，其人口数字有可能已经超过了突厥最为强盛时期的人口。贞观年间唐朝人口不过约300万户，也就是说高句丽人口大约为唐朝的四分之一，而面积还不到唐朝的十分之一，这就证明高句丽的整体发展水平是很高的，其实力丝毫不容小觑。卧榻之侧岂容他人酣眠？在东北地区存在着一个如此强大的政权，李世民自然夜不能寐。

贞观十八年（644年）的一天，李世民亲自来到李靖的府邸探望李靖，还赏赐给李靖绢五百匹，进位开府仪同三司。三司，指的就是三公，西汉时期三公为丞相、御史大夫、太尉，东汉时期三公改称司徒、司马、司空，所以又称为三司。开府的意思前文已经讲过，开府仪同三司指的就是在开府的规模和日常的仪仗级别上，都可以享受和三司一样的待遇。到了唐代，开府仪同三司已经成为从一品的散官名号。

皇帝亲自登门拜访，还给予了如此之高的赏赐，这可是天大的礼遇。对此李靖感到非常不解:自己已经闲居在家近十年,不仅寸功未立,而且儿子还卷入太子谋反案,皇帝不怪罪自己已经很不错了,怎么今天突然给自己赏赐了?

答案很快就揭晓了。这次赏赐之后不久,李世民就把李靖召进皇宫。李靖到了之后,李世民体恤李靖年老,没让他站着,赐座之后对李靖说:"您南平吴会,北清沙漠,西定慕容,现在只有东面的高句丽还未臣服,不知李将军有何良策啊?"

这话一说完,李靖就明白皇帝是什么意思了:原来陛下是想让我带兵再次出征高句丽!虽然此时李靖已经74岁高龄,身体也不大好,但是以李靖的性格和对军营的热爱,皇帝的这个要求怎么可能会不答应?他立刻说:"臣往者凭藉天威,薄展微效,今残年朽骨,唯拟此行。陛下不弃,老臣病期瘳矣。"[1]意思是说:我过去凭借天子的声威,才有了点微小的贡献,现在虽然已是残年朽骨,但是既然陛下有要求,臣义不容辞。陛下如果不嫌弃,老臣的病很快就会好的。

其实大唐这个时候真的不缺名将,除了早已成名的李勣、李道宗,还有征吐谷浑之战中崛起的契苾何力、执失思力,征高昌之战中崛起的阿史那社尔,李世民的手下并不缺人,但是征讨高句丽的统帅人选,李世民第一个想到的还是李靖。其实这也不难理解,高句丽的人口数量和经济发展水平,远在东突厥和吐谷浑之上,可以说是大唐开国以来在外战中遇到的最强对手,此战之

---

[1] [后晋]刘昫:《旧唐书》卷六七《李靖列传》,中华书局1975年版。

艰难可想而知。

遇到这么强大的对手，李世民数了一下手底下的将军，他感到派谁去都没有绝对把握，想来想去还是觉得只有李靖最让他放心。但是当真的见到李靖之后，李世民又心软了：李靖是真的老了，东北是苦寒之地，如果派他前去，他可能真的会丧命于那里。李靖对大唐贡献如此巨大，理应安度晚年。最终李世民并没有让李靖率军出征。

不让李靖出征，那谁来担任统帅呢？既然其他人自己都不放心，李世民最终决定：御驾亲征！

贞观十八年（644年）十月，李世民到达东都洛阳，他命令房玄龄留守长安，总理军国大事，随后御驾亲征。在军事部署上，李世民以李勣为辽东道行军大总管，李道宗为副总管，统领六万大军由陆路直趋辽东；以张亮为平壤道行军大总管，统领四万大军，战船五百艘，由山东出发，经海路进攻高句丽。

贞观十九年（645年）三月初六，李世民率军在幽州誓师出征。①

四月初一，李勣率军出其不意地从通定渡过辽水，进至玄菟，高句丽大惊，沿途城池皆闭门自守。四月初五，李道宗领兵进逼新城，城中守军惊恐，不敢出战。张俭率军渡辽水趋建安城，大败高句丽军，斩数千人。李勣、李道宗会师后攻克盖牟城，俘虏两万余人，获粮十余万石。

---

① 以下作战经过及参战兵力数据均来自1997年军事科学出版社出版的《中国军事百科全书·军事历史卷》。

海路方面，五月初二张亮等率水师渡海，袭占卑沙城，俘虏八千余人。张亮又派遣丘孝忠等率军指向鸭绿水，威胁高句丽前线诸军的侧背。

五月初三，李勣率军进抵重镇辽东城下。高句丽援军四万余人救援辽东，李道宗领四千骑兵迎击，大败高句丽援军，斩千余人。随后李世民率军抵达辽东城下，唐军开始大规模攻城，昼夜不停地连续进攻了十二天。十七日，突然刮起南风，唐军士兵登上城墙，乘风烧毁西南城楼，风助火势，大火开始向城内烧去，城内顿时乱作一团。唐军趁机猛攻，攻破辽东城，杀高句丽兵万余人，俘虏平民四万余人。

随后唐军向白岩城进军。高句丽援军万余人救援白岩城，契苾何力率骑兵八百人迎击，大败高句丽援军，斩杀千余人。六月，白岩城守军投降。

六月二十日，李世民率军抵达安市城。高句丽起倾国之兵十五万人，由高延寿率领救援安市城，李世民决定趁机歼灭高句丽军主力。当高句丽援军进至距安市城四十里时，李世民恐其徘徊不进，命阿史那社尔率骑兵一千与之接战，佯败退走。高延寿乘势追至安市城东南八里处依山列阵。李世民召诸将问计，李道宗认为高句丽倾国出动，平壤守军必少，愿领精兵五千人直取平壤，李世民没有接受。

夜间，李世民命李勣领步骑一万五千人于西岭列阵，长孙无忌领精兵一万余人为奇兵，向高延寿军后路包抄；自己亲自领步骑四千人，隐蔽于北山上，并通知诸军闻鼓角声即齐出进攻。次日，高延寿刚要进攻李勣军阵，李世民命鼓角齐鸣，诸军随即并进。高延寿欲分兵抵抗，但阵势已乱，高句丽军大败，战死两万余人。高延寿等收集余众，依山固守，进退不能，遂率残部三万余人投降。

在击败援军之后，唐军开始围攻安市城，但是久攻不下。众将都建议越过安市城，直入高句丽腹地，进攻平壤。但是长孙无忌认为，天子亲征，不可冒险侥幸，应先破安市，再继续进攻，才是万全之策。李世民接受了长孙无忌的意见，继续进攻，却依然无法攻破安市城。战至九月，李世民见天气日益寒冷，粮食将尽，不宜再攻，于十八日下令撤军，征高句丽之战结束。

李世民第一次进攻高句丽之战就这样结束了。如果此战是由李靖统帅，那么最终的结果会是怎样呢？如果是由李靖担任主将，那么此战取胜的可能性会大大增加。

第一，此战之所以无功而返，最大的原因就是李世民过分求稳。安市打援之战，高句丽精锐已经被唐军击溃，此时应该趁机深入，但是李世民反倒是执着地进攻安市城，在城下屯兵三个月，帅老兵疲，不得不返回。这个时候的李世民，已经失去了二十多年前虎牢关之战时的锐气，他的心已经老了。

李靖虽然人已经老了，可是他的心却从来不老。李靖六十岁依然可以亲自率三千人奇袭定襄，率领一万人奇袭铁山，他的锐气一直存在。在安市打援之战胜利后，依李靖的脾气，一定会赞同李道宗的主张，派出精兵奇袭平壤。

第二，唐军水军的作用没有充分发挥。高句丽水军力量很弱，海上几乎没有防备，所以唐军水军是可以大显威力的。在围攻安市城时，李世民完全可以派水军乘虚攻击平壤，但是唐军水军却碌碌无为，这证明李世民没有充分认识到水军的重要作用。李靖作为水战名将，肯定会充分发挥水军的作用。历史也证明了这一点，后来唐军之所以能够最终灭亡高句丽，大唐水军厥功至伟。

第三，李世民缺乏寒冷气候下的作战经验，这一劣势在此战中暴露无遗。因为考虑到辽东寒冷的气候，李世民一直到春暖花开之后的三月份才开始进军。到了九月下旬顾虑到天气寒冷，李世民又早早撤军。撤军过程中因为御寒措施准备得不充分，很多士兵在路上冻死，战马也大量死亡。李世民的表现，与寒冬时节就敢在塞外草原进行千里奇袭的李靖形成了鲜明的对比。如果是由李靖担任统帅，寒冬不会阻碍唐军前进的脚步。

综上，我们有理由相信，如果李靖是统帅，结合他之前几战表现出的对战略时机、气候的把握，以及对水军力量的认识，那么此战唐军是有可能取胜的。

但是历史没有如果。或许是不甘心此战无功而返，李世民很快就再次征讨高句丽。贞观二十一年（647年）二月，李世民再次派兵东征。此次李世民以李勣为辽东道行军大总管，由陆路进攻；以牛进达为青丘道行军大总管，由水路进攻。高句丽采取固守城池的策略，不与唐军进行大规模野战。唐军在取得一些胜利之后，依然是无功而返。贞观二十二年（648年）四月，李世民派薛万彻率领水军第三次进攻高句丽，结局依然还是和上次一样。

不过经过唐军的三次进攻，高句丽国力也被大量消耗，逐渐难以支撑。李世民去世之后，继位的唐高宗李治继续执行进攻高句丽的政策，先后在655年、658年、661年三次进攻高句丽，虽然没有取得彻底胜利，但是高句丽也深受重创。乾封元年（666年）六月，唐军又一次进攻高句丽，经过两年的艰苦作战，终于在总章元年九月攻克平壤，彻底灭亡高句丽。

## 第四节 战神归天

大唐虽然在征讨高句丽的战争中遭遇挫折，但是此时犹如东升的旭日，快速扩张的步伐无人能挡。

在北面，贞观二十年（646年）正月，夏州都督乔师望、右领军大将军执失思力率军大破薛延陀，随后薛延陀内部发生动乱。六月，李世民派李道宗、阿史那社尔、契苾何力、执失思力等人分道进击，内外交迫之下，薛延陀可汗伊特勿失率领部众七万余人投降。李世民派李勣前去招抚，但是部分薛延陀残部依然拒绝投降，李勣率军进攻，前后斩首五千余级，俘获男女三万余人，彻底灭亡薛延陀。

八月，李世民到达灵州，先后有十一个铁勒部族的使者觐见大唐皇帝，向大唐表示臣服，至此整个北境全部平定。贞观二十一年（647年）四月，李世民设立燕然都护府，管理铁勒各部，管辖范围包括东到大兴安岭、西到阿尔泰山、南到戈壁、北到贝加尔湖的整个蒙古高原。

在西面，贞观十四年（640年），侯君集曾率军攻灭高昌国，李世民在此设立安西都护府，打开了进军西域的门户。贞观二十二年（648年），阿史那社尔、契苾何力、郭孝恪等人率军进攻西域龟兹国（今新疆库车等一带）。阿史那社尔领兵从焉耆的西面直抵龟兹北部边境，并擒杀了焉耆国王，龟兹为之震动，守城将士大都弃城逃走。

唐军进至多褐城（今新疆轮台西），龟兹王率五万兵马抵御，大败而归。随后，阿史那社尔率军攻破龟兹都城，龟兹王西逃，退守大拨换城（今新疆阿克苏）。阿史那社尔留下郭孝恪守城，自己率精兵追击，行军六百里，攻克大拨换城，生擒龟兹王。唐军攻灭龟兹，西域震动，西域诸国纷纷向大唐称臣。李世民把安西都护府迁至龟兹，进一步加强了对西域的管理。①

在南面，贞观二十一年（647年），王玄策以正使的身份出使天竺（印度），恰逢中天竺王尸罗逸多身死，国中大乱。其大臣阿罗那顺篡位，出兵拒绝王玄策入境，并抢掠诸国进贡唐朝的物品。王玄策逃到吐蕃，发檄文征召军队，得到吐蕃兵千余人和泥婆罗（今尼泊尔）骑兵七千人。王玄策率军大败中天竺军队，擒获阿罗那顺和其王妃、王子，俘虏男女一万两千人，各种牲畜三万余头，创下了"一人灭一国"的奇迹。②

---

① ［宋］欧阳修：《新唐书》卷一百一十《阿史那社尔列传》，中华书局1975年版。

② ［后晋］刘昫：《旧唐书》卷一九八《天竺列传》，中华书局1975年版。

看到四方捷报频传，大唐国势蒸蒸日上，此时卧病在床的李靖内心倍感欣慰。他为大唐而自豪，他也为自己感到骄傲，大唐能有今天的盛景，有自己的一份功劳。

想当年，天下大乱时，李靖南下荆州，招抚岭南，东平吴会；国家初建时，他镇守北疆，力挽狂澜；而后奇袭定襄，再战铁山，灭亡东突厥；年过花甲，依然为国远征西海，平定雪域，让唐军的战旗飘扬在黄河之源。

人生如此峥嵘，虽死何恨？

这些年里，李靖虽然闲居在家，但是也并没有闲着，李世民依然会在很多问题上咨询李靖的意见，比较重要的有以下几次。

（一）关于薛万彻的任用

在契丹、奚等东北少数民族投降唐朝后，唐朝设立松漠、饶乐两个都督府，统归安北都护府管辖。李世民想任命薛万彻担任安北都护，于是就此征求李靖的意见。

对此，一向仁厚的李靖明确表示反对，他说："薛万彻比起阿史那社尔、执失思力、契苾何力来相差甚远。这三个人都是少数民族将领中的优秀人才，对于少数民族地区的山川道路、风土人情非常了解，即使是对于西域诸民族的情况，他们也能讲得头头是道。臣在与他们探讨兵法的时候，发现这些人也非常谦虚，且忠心无二，所以希望陛下能够重用他们，以示信任。至于薛万彻，乃有勇无谋之辈，无法担当此等大任。"

还有一次，李世民问李靖："当今将帅，最出色的是李勣、李道宗、薛万彻，谁堪大用？"李靖回答："陛下曾经说过，李勣和李道宗带兵打仗，不会大胜但是也不会大败；薛万彻带兵打仗，如果不会大胜，那肯定会大败。在臣看来，带兵不会大胜也不会大败的人，那都是用兵有条理的；带兵不是大胜就是大败的人，那不过都是侥幸取胜。所以孙武才会说：'善战者，立于不败之地，而不失敌之败也。'"

后来在对薛万彻的使用上，李世民一直非常谨慎，从未让其担任主持一方军务的大员。但是即便如此，薛万彻依然恃才傲物，盛气凌人，招致很多人的反感。唐高宗永徽四年（653年），薛万彻因卷入房玄龄之子房遗爱谋反案而被处斩。

（二）蕃兵和汉兵的使用问题

随着唐军对外战争的不断胜利，周边很多少数民族都被唐朝征服，大量蕃兵（少数民族军队）被编入唐军，如何使用蕃兵就成了李世民必须面对的一个重大现实问题。贞观二十三年（649年）二月，唐朝设瑶池都督府于金满县，隶属于安西都护府。对于都督府内的蕃兵和汉兵如何使用，李世民咨询了李靖的意见。

对此李靖表示："上天造人之时，本来就没有蕃与汉的区别。只不过是蕃人所处的地区都是荒漠，只能靠游牧打猎为生，所以自然凶悍善战。如果我们对其施以恩信，给其充足的衣食，那么他们也会与汉人无异。在都督府内，臣请求把所有汉兵都撤回内地，从而减少粮草运输。选择熟悉蕃人情况的汉人官员到那里负责日常管理就足够了。如果真的有重大情况，再出动汉兵就是了。"

李靖的这一思想在当时是非常先进的，他并没有像很多思想保守的人那样固守"华夷之论","内华夏而外夷狄",对少数民族存在偏见。在李靖看来,不管是蕃兵还是汉兵,只要对他们一视同仁,赏罚公平,那么他们就都可以成为大唐国防的有生力量。因此,李靖一直建议李世民重用阿史那社尔、契苾何力等蕃将就再正常不过了。

(三)关于李勣与长孙无忌

这是最重要的一次询问。

李世民曾问李靖:"你常称赞李勣深通兵法,朕也觉得他的能力没有任何问题。不过朕担心的是,在朕的手下李勣自然是俯首听命,可是将来太子李治继位之后能驾驭得了他吗?"

李靖明白,李世民相信李勣的能力,但是对他的忠诚仍有怀疑。于是他向李世民献策说:"依臣之见,不如先把李勣贬官,然后等太子继位之后由太子来起用他,他感念太子的恩德,必然会对太子鞠躬尽瘁。"

李世民欣喜地说:"爱卿所言甚妙!不过如果他日李勣和长孙无忌共同掌管国政,到时候会怎样?"

对此李靖回答:"臣相信李勣愿意和长孙无忌携手共济,但是臣更担心长孙无忌。长孙无忌厥功至伟,又是陛下的至亲之人。陛下既然问臣此事,那么老夫不能不如实相告。他虽然表面上礼贤下士,谦逊和善,内心却嫉贤妒能,没有容人之器。尉迟敬德之所以隐退,侯君集之所以谋反,很重要的原因就是与长孙无忌有矛盾。"

后来一切都如同李靖预料的一模一样。

长孙无忌在李世民死后成为唐高宗李治的辅政大臣，位高权重的长孙无忌逐渐开始肆意妄为。因为与李世民第三子吴王李恪有旧怨，长孙无忌诬陷李恪参与房遗爱谋反案，将其赐死，随后又因个人恩怨将李道宗、执失思力流放岭南。李治想废掉王皇后，立武则天为皇后，也遭到长孙无忌的拒绝。李治对其忍无可忍，遂将其罢官，流放岭南，长孙无忌在流放途中自杀。

对于李勣的安排，李世民完全按照李靖的建议，将李勣贬为叠州都督，并在临死前对李治说："李勣身为国之栋梁，你却对他没有什么恩惠，其心虽忠，但是否可为你所用未有可知，所以朕贬他为外官。朕百年之后，你应当授给他仆射之职，将其调回重用，他受到了你的恩惠，又想报答于我，必定为你尽忠。"李治谨记此事，继位后，立刻将李勣召回长安，任命其为尚书左仆射。此后的岁月里，李勣一直是李治的坚定追随者，不管是对外征讨高句丽，还是对内李治立武则天为皇后，李勣都始终支持李治。

随着年华的老去，那些为大唐的繁荣鞠躬尽瘁的股肱之臣，也在逐渐逝去。

贞观十七年（643年）正月，魏徵去世，享年六十四岁。李世民亲临其丧礼，痛哭流涕，为魏徵废朝五天，并令内外百官与在长安的朝集使一同前去参加丧礼。

贞观二十二年（648年），房玄龄病重。临终之时，房玄龄说："当今天下清平，只是陛下东讨高句丽不止，这是国家的一个重大祸患。常言道，主上含怒意决，臣下莫敢犯颜。我知而不言,就会含恨而死啊。"于是抗表进谏,请求李世民以天下苍生为重,停止征讨高句丽。李世民看见奏表,感动地对房玄龄的儿媳高阳公主说:"房玄龄病危将死,还能忧国忧民,真乃大忠也。"房玄龄临终之际,李世民亲自到其病床前握手诀别。当年七月,房玄龄与世长辞,终年七十岁。大唐再失栋梁。

听闻房玄龄病逝,李靖强撑病体去参加了房玄龄的葬礼。看到房玄龄的墓碑,李靖不禁流下眼泪:那些当初帮助李世民定鼎天下之人,现在所剩无几了。

故人渐次凋零,好似风中落叶……

还有两年就八十岁了,而自己的一生已经足够精彩了……

某一天,躺在病榻之上的李靖感到自己的意识越来越模糊,他明白,这是大限将至,这一天还是来了。此时,他的眼前浮现出了很多熟悉的身影,有萧铣、辅公祏、颉利可汗、慕容伏允……李靖的嘴角微微上扬:下辈子,希望你们还做我的对手,我的功业,有赖于你们这些伟大对手的存在。

接下来,李靖眼前又浮现出皇帝李世民的身影,一滴眼泪不禁从李靖眼角滑落:陛下,请恕老臣不能再护佑大唐了!

贞观二十三年(649年)五月十八日,大唐战神李靖归天,享年七十九岁。

听闻李靖病逝,李世民下诏赠李靖官号司徒、并州都督,给班剑四十人、羽葆鼓吹,陪葬昭陵,谥曰"景武"。

司徒,是中国古代重要的官职名称。西汉末年,改丞相为大司徒,到了东汉时期改称司徒。到了唐代,司徒虽然仍为三公之一，是正一品的高官，但是已经没有实际权力，只是一种荣誉性职务，多用于表彰功高年老的大臣。

"班剑"本指饰有花纹的剑。汉朝时期，功勋卓著的大臣会被赏赐"剑履上殿"，也就是说可以带剑上朝，这就是班剑。因为当时负责中央禁卫的虎贲军也持有此剑，所以从晋朝开始班剑成为随从侍卫的代称，后来又成为皇帝对功臣的恩赐，功臣可以带着侍卫入宫，这些侍卫也可以作为丧礼时的仪仗队。"给班剑四十人"，就是说在李靖的葬礼上将有四十名侍卫担任仪仗工作。

"羽葆"是古代的一种仪仗用具，以鸟羽在柄头连缀成伞盖状，而后再加以装饰，类似华盖。

"鼓吹"指的是乐队。鼓吹本来只有在重大场合才会使用，但是后来也被皇帝赏赐给有功的大臣作为重大礼遇。

在唐太宗时期，能够在葬礼上获得班剑、羽葆、鼓吹这些高规格待遇的人是很少的，只有李靖、房玄龄和魏徵。

比起这些赏赐，"陪葬昭陵"反倒并不是什么特殊恩赐，陪葬昭陵的人超过一百人，贞观年间的功臣李勣、温彦博、房玄龄、尉迟敬德、程知节等人也都享受了此待遇，所以李靖陪葬昭陵是既定之事，并不是额外开恩。

李世民给李靖的谥号是"景武"。谥号"武"自不必多说，李靖作为一代名将，战功赫赫，自然担得起这个谥号。按照中国古代的谥法，谥号"景"的意思是："由义而济曰景；耆意大虑曰景；布义行刚曰景；致志大图曰景；繇义而成曰景；德行可仰曰景；法义而齐曰景；明照旁周曰景。"可以看出，"景"是一个美谥，其中的"布义行刚""致志大图""德行可仰"，都是对李靖一生光辉成就的真实反映。

在李靖死后，李世民给予了李靖最高规格的殡葬待遇，足以告慰李靖的在天之灵了。不过李世民自己也没有坚持太久，在李靖去世仅仅八天之后，李世民去世，谥文皇帝，庙号太宗，葬于昭陵。一对君臣，至此双双仙去。

李靖一共兄弟六个，上面有两个哥哥，下面有三个弟弟，其中比较有出息的是五弟李客师。

李客师，生于579年，比李靖小八岁。李客师的起步和李靖一样，也是从小官开始做起，到了唐朝时期曾在罗艺手下任职，后来进入秦王府。玄武门之变，李客师也是参与者，所以后来仕途比较顺利，最高做到右武卫将军，受封丹阳郡公。李客师退隐之后，过得非常逍遥自在。他居住在长安城风景秀丽的昆明池南边，经常外出骑马打猎，一直活到九十岁，在唐高宗年间去世。

李靖有两个儿子，分别是长子李德謇和次子李德奖。李德謇在前文已经提到过，被象征性流放苏州之后，没过几年就被赦免回到了长安，在李靖死后继承了卫国公的爵位，并且还得到了一个新的官职——太府少卿。当时太府寺掌管国家金帛库藏和长安、洛阳等地的市场贸易，长官是太府卿，副长官是太府少卿，这可是美差。流放归来之后还能得到如此上等差事，足见李靖在当时的影响力。

至于李德奖，他在历史上没有留下什么记载。李靖的后代此后便再也没有什么突出的人物出现。李靖的后代中，唯一在历史上留下一笔的是他的第五代孙李彦芳。唐文宗大和年间（827年—835年），此时距李靖去世已近两百年了，李彦芳将祖上流传下来的李靖遗物全都交给了唐文宗，包括以下几样：

第一，唐太宗李世民给李靖的亲笔诏书。一封诏书上写着："兵事节度皆付公，吾不从中治也。"也就是说，前方军事你可以便宜行事，朕绝不遥制。另外一封诏书上写着："有昼夜视公疾大老妪遣来，吾欲熟知公起居状。"意思就是说，李世民让李靖派一个日常服侍他饮食起居的人过来，他想知道李靖的日常生活和身体状况怎么样。其他的诏书内容大体类似，可见君臣之间的亲密关系。

第二，李靖留下的一支笔，上面刻有金字。

第三，李靖破萧铣后，皇帝李渊赏赐给他的一条于阗玉制成的腰带，以黄金装饰，非常华美。

第四，李靖的其他日常物品，包括火鉴（能利用日光引火的凸透镜）、大觿（古代以象牙制作、用于解结的锥状用具）、算囊（贮放物品的袋子）等。

这些珍贵的物品全部被唐文宗留在了宫中，唐文宗找人把唐太宗的诏书临摹了一份给李彦芳，让他留作纪念。对于这些带有唐太宗真迹的诏书，唐文宗爱不释手。当时的宰相、文学家权德舆读了这些诏书之后，流着泪说："君臣之积乃而邪！"没想到太宗和李靖君臣如此交心！

## 第五节 万古流芳

李靖死后,他的功绩万世永存,历朝历代对李靖的祭祀从未停过。

神龙元年(705年)七月,唐廷追封前代功臣二十五家,李靖名列其中。

唐玄宗天宝六年(747年)正月,唐玄宗李隆基下令,李靖与长孙无忌、杜如晦一同配享太宗庙廷。太庙是供奉皇帝的地方,一些皇室成员和有功的大臣也可以配享太庙,但是数量极少。一旦配享太庙,那么今后历代皇子皇孙在祭祀自己祖先的时候,也要一起祭祀那些配享太庙的功臣,也就是说这些功臣可以享受皇帝的祭祀,这在古代是极高的荣耀。李靖在天有灵,应该也感到欣慰了。

唐肃宗上元元年(760年),李靖成为武成王庙中配享的十位历代名将(史称"武庙十哲")之一。

武成王庙,简称"武庙",旧称"太公庙""太公尚父庙",是专门祭祀姜太公以及历代良将的庙宇,始建于唐玄宗开元年间。姜太公作为西周军队的统帅,在辅佐周武王灭亡商纣王的过程中立下大功,后世对其推崇备至,尊称其为兵家鼻祖、武圣。开元十九年(731年),唐玄宗设立太公尚父庙,以西汉张良配享。

上元元年(760年),唐肃宗尊姜太公为武成王,祭典与文宣王孔子相同,太公尚父庙更名为武成王庙,简称武庙。唐肃宗以十名历代良将为十哲在旁坐侍：秦武安君白起、汉淮阴侯韩信、蜀丞相武乡侯诸葛亮、唐尚书右仆射卫国公李靖、司空英国公李勣列于左，汉太子少傅张良、齐大司马田穰苴、吴将军孙武、魏西河郡守吴起、燕昌国君乐毅列于右。

后唐天成二年（927年），后唐明宗特赠李靖为太保。后晋天福二年（937年），后晋高祖石敬瑭追封李靖为灵显王。

北宋开宝三年（970年），宋太祖为李靖等"前代功臣烈士"专门设置守冢人。宣和五年（1123年），宋徽宗为古代名将设庙，内有七十二位名将，李靖是其中之一。

明朝洪武二十一年（1388年），明太祖朱元璋取古今功臣三十七人配享历代帝王庙，其中就有李靖。

至清代，李靖的塑像还被请到太庙中，成为四十一位陪臣之一，与历代帝王共享皇家祭祀。

在李靖留下的遗产中，最重要的就是著名兵书——《李卫公问对》。

《李卫公问对》是中国古代的一部著名兵书，内容为记录唐太宗李世民和李靖关于军事、政治等问题的问答。全书共分上、中、下三卷：其中上卷四十问答，中卷三十三问答，下卷二十五问答，凡九十八次问答，共有一万余字。《李卫公问对》内容丰富，多联系唐以前战例及唐太宗、李靖本人的亲身经历，参照历代兵家言论，围绕着夺取主动权、奇正、虚实、主客、攻守、形势等问题进行讨论，阐述其军事思想。在北宋神宗元丰年间，《李卫公问对》和《孙子兵法》《吴子兵法》《六韬》《司马法》《三略》《尉缭子》六部兵书一起，被合称为《武经七书》，成为官方的军事教科书。

在此后的岁月里，《李卫公问对》一直被作为兵家必读书目而长期流传。

在后世关于李靖的传说当中，最著名的就是李靖被神化，成为中国民间神话传说中的托塔天王。

如果李靖泉下有知，知道自己后来成为神话传说中的人物，应该也会会心一笑吧……

无论历朝历代对名将的排位如何变化，千余年的时间里，李靖的地位始终不可动摇，能够像李靖这样拥有稳固地位的，自古及今不过只有孙武、韩信等寥寥数人。李渊曾经评价李靖可以和"韩、白、卫、霍"相比肩，从此后的历史发展来看，这个赞誉一点也不夸张。李靖为什么能够有这么高的地位，能够留名千年而不变呢？最重要的一点就是李靖的身上真的没有什么不足，他坚毅勇武，令出必行，又不贪图军功，勇于担责，是任何一个统治者都梦寐以求的将才。

中国古代的名将，其实每个人或多或少都有遗憾之处。白起长平之战杀俘虏四十万；韩信死于非命，卫青、霍去病以外戚起家；乐毅、诸葛亮功业未成，含恨而终；即使是李勣，也因曾经支持李治立武则天为皇后，为后人诟病。

而李靖战无不胜，攻无不克，还能协助皇帝治国安民，不管是打仗还是治国都没有出过什么纰漏，他助力一个国家走向强盛，功成名就，生荣死哀，人生如此，夫复何求？